"十四五"职业教育国家规划教材

"十三五"职业教育国家规划教材

职业教育电子商务类专业改革创新教材

网店美工

第 2 版

主　编　黄振宁

副主编　陈孝萍　伊晓明

参　编　卢绍魁　李京舟　张　伟

　　　　宫曙光　卞爱莲　吴婧琳

主　审　王　欣

机 械 工 业 出 版 社

本书共有9个项目、21个任务，根据网店美工发展趋势和行业设计特点，通过岗位认知、店铺装修基本理念、产品主辅图设计、Logo设计、店招及导航栏设计与制作、Banner广告及商品分类区设计与制作、详情页设计、首焦海报设计及综合实战等9个项目，详细讲述了网店美工岗位的重要性和工作流程，通过实际案例讲述了如何利用Photoshop进行商品图片的处理，结合美工设计要求突出创意思路、设计技巧及设计要领。本书采用项目任务式教学编写体例，突出实践性教学，在操作过程中引导学生自主探究知识，并在典型工作任务的实践中提升分析与解决问题的能力，潜移默化地进行立德树人教育，注重培养学生精益求精、一丝不苟的工匠精神，同时书后附有各项目的练习题供学生进行自主学习和巩固训练，培养学生知识迁移和灵活运用的能力。

本书是中等职业学校电子商务专业的核心课程教材，适合作为电子商务专业、市场营销专业、新媒体营销专业等财经商贸类课程的教材，也可作为网上开店的新手装修自家店铺的参考书。

本书配有丰富的教学资源，可通过机械工业出版社教育服务网（www.cmpedu.com）免费获得；同时配备微课视频资源，以二维码形式呈现于书中；通过超星学习通平台建立的网上课程更使本书如虎添翼，辅助教师教学、引领学生自学。

图书在版编目（CIP）数据

网店美工/黄振宁主编. —2版. —北京：机械工业出版社，2024.4（2025.8重印）
"十四五"职业教育国家规划教材：修订版　职业教育电子商务类专业改革创新教材
ISBN 978-7-111-75410-7

Ⅰ. ①网… Ⅱ. ①黄… Ⅲ. ①网店—设计—中等专业学校—教材　Ⅳ. ①F713.361.2

中国国家版本馆CIP数据核字（2024）第058083号

机械工业出版社（北京市百万庄大街22号　邮政编码100037）
策划编辑：宋　华　　　　　责任编辑：宋　华　邢小兵
责任校对：郑　婕　陈　越　封面设计：王　旭
责任印制：单爱军
北京利丰雅高长城印刷有限公司印刷
2025年8月第2版第6次印刷
210mm×285mm・14印张・275千字
标准书号：ISBN 978-7-111-75410-7
定价：59.80元

电话服务　　　　　　　　网络服务
客服电话：010-88361066　机　工　官　网：www.cmpbook.com
　　　　　010-88379833　机　工　官　博：weibo.com/cmp1952
　　　　　010-68326294　金　书　网：www.golden-book.com
封底无防伪标均为盗版　机工教育服务网：www.cmpedu.com

关于"十四五"职业教育
国家规划教材的出版说明

为贯彻落实《中共中央关于认真学习宣传贯彻党的二十大精神的决定》《习近平新时代中国特色社会主义思想进课程教材指南》《职业院校教材管理办法》等文件精神，机械工业出版社与教材编写团队一道，认真执行思政内容进教材、进课堂、进头脑要求，尊重教育规律，遵循学科特点，对教材内容进行了更新，着力落实以下要求：

1. 提升教材铸魂育人功能，培育、践行社会主义核心价值观，教育引导学生树立共产主义远大理想和中国特色社会主义共同理想，坚定"四个自信"，厚植爱国主义情怀，把爱国情、强国志、报国行自觉融入建设社会主义现代化强国、实现中华民族伟大复兴的奋斗之中。同时，弘扬中华优秀传统文化，深入开展宪法法治教育。

2. 注重科学思维方法训练和科学伦理教育，培养学生探索未知、追求真理、勇攀科学高峰的责任感和使命感；强化学生工程伦理教育，培养学生精益求精的大国工匠精神，激发学生科技报国的家国情怀和使命担当。加快构建中国特色哲学社会科学学科体系、学术体系、话语体系。帮助学生了解相关专业和行业领域的国家战略、法律法规和相关政策，引导学生深入社会实践、关注现实问题，培育学生经世济民、诚信服务、德法兼修的职业素养。

3. 教育引导学生深刻理解并自觉实践各行业的职业精神、职业规范，增强职业责任感，培养遵纪守法、爱岗敬业、无私奉献、诚实守信、公道办事、开拓创新的职业品格和行为习惯。

在此基础上，及时更新教材知识内容，体现产业发展的新技术、新工艺、新规范、新标准。加强教材数字化建设，丰富配套资源，形成可听、可视、可练、可互动的融媒体教材。

教材建设需要各方的共同努力，也欢迎相关教材使用院校的师生及时反馈意见和建议，我们将认真组织力量进行研究，在后续重印及再版时吸纳改进，不断推动高质量教材出版。

机械工业出版社

前　言

本书依据《中等职业学校电子商务专业教学标准》，组织电子商务专业和文化创意专业教师，根据电子商务专业教学改革的需要，结合网店美工岗位职责的实际需求编写而成。

党的二十大报告指出："加快发展数字经济，促进数字经济和实体经济深度融合，打造具有国际竞争力的数字产业集群。"在目前"互联网+"的时代，越来越多的企业和个人选择在网上开设网店作为展示平台，多方位地展示自己的企业品牌和产品。在产品价格与特色都大体相同的情况下，优化网店装修界面是店铺产生经济效益的一个重要保证。

本书的编者从网店运营实际出发，结合多年的电商教学经验，将设计网店的经验和技巧分享给读者。希望读者在使用装修软件设计网店的同时，能将营销思维和设计理念结合在一起设计出更美观实用的网店，进而提高网店的销售量，达到营销目的。

本书特点如下：

- 教材强调学生创新意识和创新能力的培养，以适应2035年"高水平科技自立自强，进入创新型国家前列，建成科技强国"的国家战略目标。

- 内容全面，从网店美工的岗位认知入手，了解网店美工的岗位认识和网店装修要点，通过实际案例的学习，了解商务网店设计的过程，全面提升学生的实践和设计创造能力与创新思维。

- 语言精练，讲解清晰，插入"小技巧""知识加油站"等栏目，同时添加相关法律法规及中华优秀传统文化知识，帮助学生拓宽视野，培养职业素养。

- 实例技巧性强，以目前开设较多的服装类和食品类网店为切入点进行案例讲解，直观性强。同时所有的实例均能实现，资源包中配备了设计源文件。

- 理论与实践相结合，在每个实例中都加入了与客户的沟通实例，提炼产品卖点，引导学生从营销的角度进行网店美工设计。

- 以项目式教学方式展开，在编写中将Photoshop软件基本知识与技能的学习和网店美工的实际设计融合在一起，以"项目—任务—活动"的呈现形式，设置情景，安排任务，切入典型案例分析，组织实践与体验活动，针对关键知识点与技能点，设置练习与训练，加深理解与掌握，使学生对网店美工有全面的认识与了解。

● 设置评价环节，有利于学生对知识进行回顾和总结，加深对知识的理解与掌握，也利于教师对教学效果的直观了解和把控。

本书具体学时分配建议如下：

项　　目	内　　容	参考学时
项目一	岗位认知	4
项目二	店铺装修基本理念	8
项目三	产品主辅图设计	4
项目四	Logo设计	4
项目五	店招及导航栏设计与制作	4
项目六	Banner广告及商品分类区设计与制作	6
项目七	详情页设计	12
项目八	首焦海报设计	10
项目九	综合实战——首页整体效果图设计	20
总计学时		72

本书由黄振宁任主编并统稿，陈孝萍和伊晓明任副主编。参与编写的人员有：黄振宁（项目一），李京舟（项目二），张伟、伊晓明、宫曙光（项目三、项目九），吴婧琳（项目八），陈孝萍（项目五、项目六），卢绍魁（项目四、项目六），卞爱莲（项目七）。本书在编写过程中，得到了广州市公用事业技师学院、兴宁技师学院、威海市职业中等专业学校、南京商业学校和杭州市开元商贸职业学校的大力支持。在编写之初，广东省农村电子商务协会、清远寻乡记生态农业发展有限公司、广州市白云区沙田柠檬农产品专业合作社等合作企业人员参与了教材编写体例、编写内容取舍等框架制定工作。由于内容编写需要，参考了网上店铺的部分内容和相关书籍，在此表示衷心的感谢！

由于编者水平有限，不足之处在所难免，恳请广大读者批评指正。

编　者

本书配套混合式教学包的获取与使用

超星学习通
www.chaoxing.com

本教材配套数字资源已作为示范教学包上线超星学习通,教师可通过学习通获取本书配套的演示文稿、微视频、在线测验、题库等。

扫码注册 → 选择示范教学包 → 进行混合式教学

扫码下载学习通App,手机注册,单击"我"→"新建课程"→"用示范教学包建课",搜索并选择"网店美工"教学资源包,单击"建课",即可进行线上线下混合式教学。

学生加入课程班级后,教师可以利用富媒体资源,配合本教材,进行线上线下混合式教学,贯穿课前课中课后的日常教学全流程。混合式教学资源包提供PPT课件、微课视频、课程章节、课堂讨论和在线测验。

PPT课件　微课视频　课程章节　课堂讨论　在线测验

扫码学课程

二维码索引

动画微课

名　　称	页码	名　　称	页码
动画微课1：岗位认知	019	动画微课5：Logo的作用与案例赏析	064
动画微课2：网店整体规划	035	动画微课6：Logo设计要点	065
动画微课3：高点击率主图的分类	045	动画微课7：店招设计	082
动画微课4：靠谱的主图就要这样做	046		

操 作 视 频

名 称	图 形	页码	名 称	图 形	页码
操作视频1：服装类主图		047	操作视频10：服装类网店店招及导航栏设计与制作		084
操作视频2：服装类辅图		049	操作视频11：食品类网店店招及导航栏设计与制作（1）		088
操作视频3：服装类白底图		050	操作视频12：食品类网店店招及导航栏设计与制作（2）		090
操作视频4：食品类主图（1）		054	操作视频13：服装Banner广告设计制作		095
操作视频5：食品类主图（2）		056	操作视频14：活动商品分类区布局		104
操作视频6：食品类主图（3）		056	操作视频15：活动分区		104
操作视频7：食品类辅图		058	操作视频16：商品分区		105
操作视频8：伊人服饰Logo制作		065	操作视频17：滑块及调整		106
操作视频9：英红一品Logo制作		071	操作视频18：设计详情页模板		112

(续)

名　称	图　形	页码	名　称	图　形	页码
操作视频19：设计海报图与关联区		115	操作视频29：数码产品类网站背景		169
操作视频20：商品细节		118	操作视频30：数码产品类网站分类列表		169
操作视频21：牛奶宝贝详情模板		124	操作视频31：数码产品类网站活动专区		170
操作视频22：海报图与关联区		129	操作视频32：数码产品类网站今日推荐		171
操作视频23：细节展示		131	操作视频33：数码产品类网站分类展示区		171
操作视频24：服装类网店首焦海报设计 "汉韵之美"		141	操作视频34：数码产品类网站底部		172
操作视频25：食品类网店首焦海报设计 中秋月饼		153	操作视频35：母婴产品类双十一首页设计 新建文件		176
操作视频26：数码产品类网站顶部		166	操作视频36：母婴产品类双十一首页设计 店招		176
操作视频27：数码产品类网站导航		167	操作视频37：母婴产品类双十一首页设计 导航区		178
操作视频28：数码产品类网站广告区		168	操作视频38：母婴产品类双十一首页设计 全屏广告（1）		179

（续）

名　称	图　形	页码	名　称	图　形	页码
操作视频39：母婴产品类双十一首页设计 全屏广告（2）		179	操作视频48：化妆品类618无线首页设计 店招		191
操作视频40：母婴产品类双十一首页设计 优惠券		180	操作视频49：化妆品类618无线首页设计 首焦海报		192
操作视频41：母婴产品类双十一首页设计 礼品区		182	操作视频50：化妆品类618无线首页设计 618标题		194
操作视频42：母婴产品类双十一首页设计 超值推荐区标题		183	操作视频51：化妆品类618无线首页设计 优惠券		194
操作视频43：母婴产品类双十一首页设计 超值推荐区广告（1）		184	操作视频52：化妆品类618无线首页设计 特别推荐标题		195
操作视频44：母婴产品类双十一首页设计 超值推荐区广告（2）		184	操作视频53：化妆品类618无线首页设计 特别推荐产品（1）		195
操作视频45：母婴产品类双十一首页设计 超值推荐区广告（3）		186	操作视频54：化妆品类618无线首页设计 特别推荐产品（2）		196
操作视频46：母婴产品类双十一首页设计 特惠专区		187	操作视频55：化妆品类618无线首页设计 防晒专区		197
操作视频47：母婴产品类双十一首页设计 底部及装饰		187	操作视频56：化妆品类618无线首页设计 买三送一+底部		199

目 录

前言

二维码索引

项目一 岗位认知 / 001
任务一 走近美工 / 001
任务二 美工岗位准备 / 010

项目二 店铺装修基本理念 / 021
任务一 图片处理 / 021
任务二 网店色彩搭配 / 029
任务三 网店布局 / 035
任务四 网店美工文案编辑 / 039

项目三 产品主辅图设计 / 045
任务一 服装类主辅图制作 / 045
任务二 食品类主辅图制作 / 052

项目四 Logo设计 / 063
任务一 服装网店Logo设计 / 063
任务二 食品类网店Logo设计 / 069

项目五 店招及导航栏设计与制作 / 081
任务一 服装类网店店招及导航栏设计与制作 / 081
任务二 食品类网店店招及导航栏设计与制作 / 086

项目六 Banner广告及商品分类区设计与制作 / 093
任务一 服装网店Banner广告设计与制作 / 093
任务二 食品网店商品分类区设计与制作 / 102

项目七　详情页设计　/ 109

　　任务一　服装类网店详情页设计　/ 109
　　任务二　食品类网店详情页设计　/ 123

项目八　首焦海报设计　/ 139

　　任务一　服装类网店首焦海报设计　/ 139
　　任务二　食品类网店首焦海报设计　/ 151

项目九　综合实战——首页整体效果图设计　/ 163

　　任务一　数码产品类网站设计　/ 163
　　任务二　母婴产品类双十一首页设计　/ 173
　　任务三　化妆品类618无线首页设计制作　/ 189

课后练习　/ 204

参考文献　/ 210

项目一

岗位认知

项目简介

随着"互联网+"对互联网与各产业融合发展的推动，各种新技术、新标准也对网店美工行业提出了新要求。本项目中，我们将从网店美工行业认知着手了解网店美工岗位的重要性和要求；同时通过网络搜索等手段查找相关信息，了解美工岗位的职业发展；通过网店美工常用的软件和拍摄设备的操作来认知网店美工这个岗位。

项目目标

- 了解网店美工在电子商务行业中的重要性。
- 认知网店美工相关的基础知识和要求。
- 培养网店美工从业意识，加深职业认同感。
- 树立良好的职业信念和职业道德，弘扬社会主义核心价值观。

任务一
走近美工

任务介绍

在本任务中，我们将走近美工这一岗位，了解实体店和网店的区别，了解网店美工对电子商务行业的重要性，同时清楚网店美工的职业要求，以及网店美工工作职责和工作流程，并能通过网络搜索各企业招聘美工的信息来对自身进行定位。

任务描述

小张是一名电子商务专业的学生，经常在网上购买商品，但对网上色彩斑斓的商品图是如何形成的一直是一知半解。在学习了"商品拍摄"和"Photoshop图像处理"等专业课程之后，小张对商品图片的后期处理及网上发布就更有兴趣了。但小张不知自己毕业之后能否胜任网店美工相关工作，所以做了以下探索。

任务实施

第一步 寻找美工

一、实体店和网店对比

小张觉得要想了解网店美工，首先应该清楚网店是什么，因此他找到了李宁线下某实体店的图片和李宁官网图片进行对比，见图1-1和图1-2。

图1-1 李宁线下某实体店

图1-2 李宁官网部分截图

在比较了李宁线下实体店和官网之后，小张了解到网店其实就是一个在互联网上开设的商店，即将传统商务模式中的商店或超市直接搬到了网上，消费者可以在网店浏览各种商品，将想购买的商品加入购物车，并且通过各种在线支付手段进行支付从而完成交易的网站。

知识链接

1. 网店美工

根据专项职业能力的定义，网店美工是指能运用摄影器材、图片处理软件、网页制作软件等进行产品拍摄、图片制作、店铺装修、广告设计等，具备根据产品以及用户群的特点进行产品页面设计、店铺装修以及视觉优化的能力。

2. 淘宝美工

淘宝美工是淘宝网店网站页面编辑美化工作者的统称，涉及工作内容包括网店设计（平面设计）、P图（图片处理）等。在淘宝网店中美工的主要工作是设计商品主图、详情页等。

知识加油站

网店美工的重要性

网店的美化与实体店面的装修一样，都是为了让店铺变得更加吸引人，使顾客流连忘返。现在网络是典型的"眼球经济"，在淘宝开店的人都知道一句名言："一张美图胜千言。"而网店美工就是在平台允许的结构范围内，尽量通过图片、结构设计等让店铺更加丰富和美观，因为网络消费者都是从网上的文字和图片来了解商品的，见图1-3。

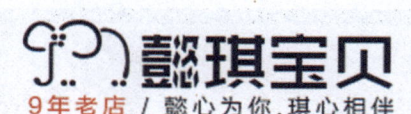

图1-3 淘宝网部分店家截图

> **想一想**
>
> 请同学们结合网络搜索并思考，李宁官网上的商品是根据什么来进行分类陈列的。如果要查看某种商品要如何操作？

> **随堂记**

小张在网上寻找想买的商品时总会觉得有些商品图好像一眼就能看出商家想表达的商品的特点，而有的商品图却引不起购买的欲望，这是怎么回事呢？

二、网店图片对比

对比一：网店首页

十一国庆节马上到了，小张想为妈妈买一双鞋子，在网上查找之后发现各家网店风格各不相同，比如"NIKE官方旗舰店"天猫店（见图1-4）首页大图偏向野外露营风格，而"回力户外旗舰店"天猫店（见图1-5）则是商品的促销信息，同时其醒目的优惠信息吸引了小张的视线。

图1-4 "NIKE官方旗舰店"天猫店

图1-5 "回力户外旗舰店"天猫店

对比二：详情页

小张想为妈妈买一款手包，在网上查找之后发现"丝芙伦"手包比较适合妈妈，那接下来如何打动妈妈这么资深的买家呢？于是小张将手包的人物效果图和细节图一一展示给妈妈看（见图1-6），最终妈妈被商品的亮点和人物展示图所打动，接受了孩子的礼物。

图1-6　手包详情页

> **想一想**
>
> 通过对女鞋网店首页和手包部分详情页的对比，同学们想一想，我们在购买商品时主要关注商品图的哪些细节呢？（提示：可以从页面设计、商品详情和优惠折扣等角度进行分析。）

相关知识

网店美工就是为了将商品的更多信息展示给消费者，从而达到营销推广的目的。《中华人民共和国电子商务法》第十七条规定：电子商务经营者应当全面、真实、准确、及时地披露商品或者服务信息，保障消费者的知情权和选择权。电子商务经营者不得以虚构交易、编造用户评价等方式进行虚假或者引人误解的商业宣传，欺骗、误导消费者。

第二步　了解网店美工的职业发展

小张觉得自己在学校学习了Photoshop等图像处理软件，同时也学习了营销策划及文案编辑等课程，而且对电子商务行业感兴趣，是否可以往网店美工这一职业岗位上发展呢？小张决定在网上查看一下有关网店美工职业发展的信息。

方式一：通过淘宝网了解网店美工的任职要求和薪资情况

淘宝网针对卖家和用户开设了"淘工作"平台，淘宝的卖家为招聘方，任何有淘宝ID的用户都可以是求职方。淘宝用户只需要在浏览器中输入"https://zhaopin.taobao.com"就可以进入阿里巴巴旗下的招聘中心"淘工作"平台。在这个平台上搜索"网店美工"就可以了解淘宝美工岗位的任职要求和薪资情况，见表1-1。

表1-1 "淘工作"上的部分企业详细任职要求及薪资水平

企业名称	任职要求	薪资水平（元）
GMETOU格美途家居工厂店	1. 1年以上天猫淘宝设计经验，视觉设计、网页设计相关专业优先 2. 熟练掌握各种平面设计绘图软件，拥有良好的设计感觉和大胆的设计思想 3. 具备团队精神和合作意识、较强的沟通能力和表达能力，能够接受工作压力和挑战 4. 有能力独立完成项目设计工作，具有良好网络广告设计创意及创新能力，了解社会化媒体营销思路	5000～7000
深圳车载之家汽车用品有限公司	1. 熟悉装修设计，在淘宝网担任过产品、页面设计者优先考虑 2. 熟悉美工软件Photoshop等的运用 3. 具有良好的网页及平面设计能力、较多的网站搭建经验。对于网站的美工开发及色彩的搭配有着独到的见解和体会，了解色彩搭配知识，思维活跃、有创意，有较强视觉效果表现能力 4. 有责任心和上进心，善于沟通，具有团队合作精神	3000～5000
妍美人旗舰店	1. 一年以上电商行业工作经验，平面设计等相关专业优先 2. 熟悉PS、CDR等作图软件，有一定视觉创作经验和独到的审美修养 3. 有较好的工作方法和流程、主动积极的工作态度 4. 有摄影基础者优先	5000～7000

想一想

学生动手在前程无忧网站（https://www.51job.com/）搜索美工岗位的从业要求，并和表1-1进行对比，在下面的选项中，大多数网店对美工的任职要求有（　　）。

A. 能熟练操作Photoshop、Dreamweaver、Illustrator等设计软件。
B. 了解色彩搭配，有创意及较强的视觉效果表现能力。
C. 善于沟通，具有团队合作精神。
D. 有较好的网络搭建能力，能解决基本的网络出错问题。
E. 有一定的美工工作经验。

方式二：通过BOSS直聘了解网店美工的职业热度

作为全国知名的招聘网站BOSS直聘（www.zhipin.com）的招聘信息是广而全的，因此小张也在BOSS直聘上搜索了一下"网店美工"的职位信息，发现广州地区2023年9月20日当天可搜索到300条网店美工招聘信息。

想一想

请同学们到BOSS直聘网上查看"网店美工"的职位信息，并想一想，为什么职位薪酬会有很大的差距。

第三步　了解网店美工的岗位职责及工作流程

一、岗位职责

通过自身的网上购物实践，并了解了美工岗位的任职要求之后，小张觉得自己可以按照兴趣先从事网店美工这一职业。那么，这一工作岗位除了将商品拍成宝贝图上传到网上，并且将网店的页面进行美化之外，还有哪些工作职责呢？

> **知识链接 ▶▶▶**
>
> 淘宝美工岗位职责
>
> （1）负责公司网络平台淘宝店铺、天猫商城的整体装修设计，并不断优化，提高客户体验感。
>
> （2）负责公司网络销售平台的宝贝图片的设计和美化，包括图片的修改和制作及动态广告条等的设计。
>
> （3）对新开发的产品进行设计排版，结合商品特性制作图文并茂、有美感、有吸引力的详情描述页面。
>
> （4）根据公司不定期促销计划，对公司网络平台店铺进行页面美化设计，配合推广人员制作推广效果图，并能提供营销策划建议。
>
> （5）对公司的周边宣传资料与产品进行美术设计。

二、工作流程

1．接受任务

网店美工接受公司的美工任务，在接受任务时需要跟运营部门沟通，主要了解本次任务的活动方案，包括主题、目标人群、优惠信息等。

2．规划布局

无论任务是需要制作网店首页，还是宣传海报，又或者是详情图等，都需要先对任务做一个大致的规划。如果是网店首页，则需要规划网店的色彩及店招、导航栏、客服区、商品展示区等模块的具体位置；宣传海报与详情图等单图任务，则需要规划模特位置、文案等。总之，就是对任务中出现的模块、设计元素等都要做到心中有数。

3．收集图片素材

根据规划的内容多渠道收集与任务相关的图片素材，作为网店美工岗位人员，平时要有收集素材的意识。

4．制作详情图

根据任务制作店铺的相关模块详情图，包括制作店招、导航栏、客服区、商品展示区、页尾等相关模块元素。

5. 线上发布

制作好详情图后与后台程序员沟通交流，让后台程序员为详情图添加HTML代码，上传至公司网站并测试。

6. 完成任务

整理相关资料，做好备份，以备后期进行资料查询。

想一想

根据淘宝美工的工作流程，同学们讨论一下以下工作属于工作流程中的哪一步，并进行连线。

A. 了解此次美工任务的主题　　　　1. 接受任务
B. 为详情图添加HTML代码　　　　2. 规划布局
C. 将此次美工任务的完整资料进行备份　3. 收集图片素材
D. 收集与任务相关的图片　　　　　4. 制作详情图
E. 网店主色调的设置　　　　　　　5. 线上发布
F. 制作店招　　　　　　　　　　　6. 完成任务

第四步　网店美工的职业素养分析

第52次《中国互联网络发展状况统计报告》显示，截至2023年6月，我国网络购物用户规模达8.84亿人，较2022年12月增长3880万人，占网民整体的82.0%。这些数据体现了网上销售强大的生命力。网店是否能赢利除了运营策略之外，很大的影响因素在于网店装修和产品的包装。高颜值网店是品牌的象征、产品价值的展现，是促进销量的关键因素之一。漂亮和功能强大的网店往往可以使顾客停留更长的时间，如果店内营销也做得很到位的话，那么，顾客在网页停留的时间越长，成交的可能性也就越大。因为宝贝通过平面的形式展示给顾客，因此如何更好地体现出产品的卖点，如何让进店的顾客产生购买冲动则显得至关重要。这时候美工的任务就来了，要让客户感觉某件商品与众不同。如果产品属于大众产品，美工如何通过宝贝详情，体现出比其他卖家的优势呢？此时考核美工的就不光是单一图片处理的能力了，需要考虑的是如何整体配合突出要表达的主题，深刻理解文案并将其转化为美工设计。图1-7中的第一张图突出显示"8折"的促销信息，而第二张图主打的则是"秋装上新"的新品介绍。

图1-7　创意对比图

想一想

通过"创意对比图"，分析同样的商品为什么会有不一样的推销效果。网店美工除了会技术作图之外，是否还需要具备创意思维和营销思维？

📖 知识链接 ▶▶▶

视觉营销

视觉营销由英文"visual merchandising"得来，归属于营销技术，更是一种视觉体验，指通过视觉效果设计达到产品营销或品牌推广的目的。为便于理解，我们称之为通过视觉的冲击和审美视觉感观提高顾客（潜在的）兴趣，达到推广产品或服务的目的。

议一议

判断对错：
1. 没有营销意识的美工，不是一位好的美工。　　　　　　　　（　　）
2. 页面不是关于图片的设计，而是关于用户认知的设计。　　　（　　）

任务评价

评价项目	评价内容	评价方式		
		自我评价（30分）	小组评价（30分）	教师评价（40分）
职业素养 （分值占比50%）	能自觉遵守规章制度，出色完成工作任务			
	具有团队合作意识，协作沟通能力强			
专业能力 （分值占比50%）	能举例说明美工对于网店的重要性（至少2个案例）			
	能归纳出网店美工竞争性大的原因			
评分合计					

综合评价：

任务二 美工岗位准备

任务介绍

在本任务中，我们将学习与梳理美工岗位所需的基本知识和技能，通过对数码摄影的介绍，以及对Photoshop、Fireworks和Flash等软件的使用来使同学们对美工这一岗位有更多了解，为将来从事网店美工做好准备。

任务描述

小张通过对任务一的学习之后了解到，网店美工是网店页面美化工作者的统称，其工作内容主要有商品拍摄、设计主图及详情页等。那么，网店上的宝贝图片需要用什么样的设备进行拍摄呢？网店美工常用哪些软件工具呢？

任务实施

第一步　商品图拍摄工具准备

对于网店而言，商品图是布局陈列的主要内容，如果网店美工能对商品的早期拍摄图有更多了解，那么后期将拍摄图转化为商品图时就会事半功倍。很多商业图片都没有现成的，而是需要自己去拍摄，因此一台合适的数码相机成为美工人员进行商品采集的必要工具。

知识链接 ▶▶▶▶

数码相机

配备数字成像元件的相机统称为数码相机。因此，数码相机可以定义为是一种拍摄数码的工具，它将拍摄的数码图像存储在存储卡等数字存储介质上。将这些数码图像传输到计算机上，就可以使用图像编辑软件对数码图像进行各种编辑处理。

数码单反相机，简称"单反"（见图1-8），是数码单镜头反光相机（Digital Single Lens Reflex，DSLR）的缩写。单镜头反光指的是取景方式，对于小张这种入门级美工人员而言，单反与普通数码相机（Digital Camera，DC）最大的区别主要是感光元件（CMOS/CCD）的尺寸不同。而电子感光元件的功能相当于传统胶片相机的胶片，也就是说，它们使用的"胶片"大小不同。

品牌名称：Nikon/尼康
产品名称：Nikon/尼康Z30
传感器尺寸：23.5mm×15.7mm
传输类型：蓝牙传输
显示屏类型：触摸屏
上市时间：2022-06-29
感光元件类型：CMOS
重量：301g（含）-400g（含）
镜头组合：单机身16-50VR套机镜头

单反级别：入门级
液晶屏尺寸：3英寸
像素：2151万
屏幕尺寸：3英寸
画幅：APS-C画幅
保修期：5年

图1-8　尼康Z30

数码相机辅件

1. USB数据线

一般购买的数码相机都会有配套的USB数据线，使用时分别连接好数码相机与计算机。打开数码相机的电源开关（一般会有ON/OFF作为提示），此时数码相机相当于移动硬盘，可将数码照片复制到计算机的指定区域。

2．读卡器

可以使用读卡器来读取相机里存储卡的内容，存储卡可能是SD卡、记忆棒或其他类型的存储卡，和使用U盘的方法相似。

3．三脚架

直接用手拍摄，或多或少会有一定的抖动现象，使得图片模糊不清，因此可以使用三脚架固定相机。

4．摄影灯光设备

灯光是摄影的关键，是必需的配套设施，可根据使用情况选用不同价格和规格的设备。

5．拍摄台

小型的商品可以使用摄影棚，大型的商品则需要大型的背景纸布置拍摄场所。

试一试

请尝试通过网络搜索，了解数码相机三种图像格式——RAW、TIFF和JPEG的特点，并比较它们的优缺点，见表1-2。

表1-2 数码相机图像格式对比

格式	优点	缺点
RAW		
TIFF		
JPEG		

第二步 美工软件工具准备

1．Photoshop

Photoshop是一款平面的二维图像合成（处理）软件，它的专长在于图像处理，是以对现有的图像进行艺术再加工及合成特殊效果为主要功能的设计软件。数码相机拍摄的图片在导入计算机后可以使用Photoshop软件（见图1-9）进行处理，加工成符合网店美工所需要的商品图。

图1-9　Photoshop CC2018界面

注：用Photoshop软件设计网店美工所需要的商品图在后面的项目学习中有详细的介绍。

2．Fireworks

用Fireworks软件可以将商品图处理成更适合网络的小图片，因此小张借助网络搜索了Fireworks软件的信息，并和Photoshop软件一起进行了了解。

知识链接

Fireworks

Adobe Fireworks可以加速Web设计与开发，是一款创建与优化Web图像和快速构建网站与Web界面原型的理想工具。Fireworks不仅具备编辑矢量图形与位图图像的灵活性，还可与Adobe Photoshop、Adobe Illustrator和Adobe Dreamweaver软件集成使用。

网页上的JPG图片如果过大，会严重影响页面的打开速度，Fireworks提供优化图片的功能，即压缩图片所占空间，而且不影响画面的质量（除非放大了与原图对比）。由于目前网店美工大多使用Photoshop制作JPG图片，因此所占空间较大，一般会使用Fireworks来进行压缩处理。Fireworks CS6界面见图1-10。

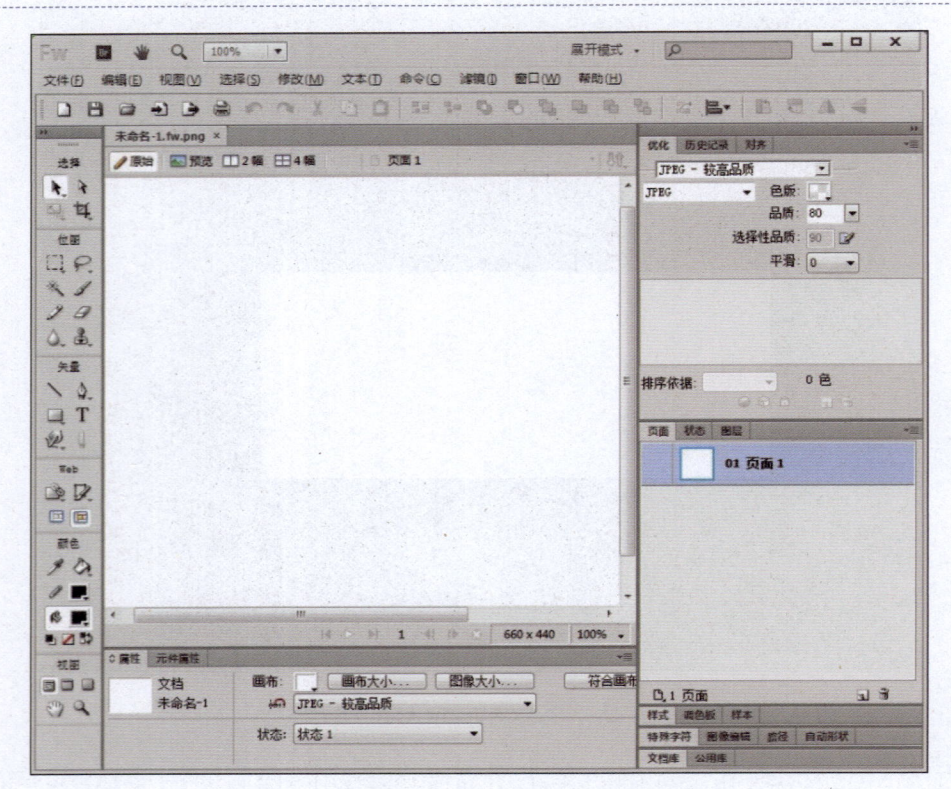

图1-10　Fireworks CS6界面

注：Adobe公司表示Fireworks CS6今后仍然可以使用，但不再有CC版本。

试一试

用Fireworks优化JPG格式图片

（1）观察图片"啤酒——优化前.jpg"，确定图片大小为256KB，尺寸为500px×647px。在Fireworks中打开该图片，见图1-11。

（2）在Fireworks右上角单击"优化"，选择"JPEG"格式，然后选择压缩品质，见图1-12。

（3）单击窗口左上角"预览"按钮，就可以实时看到压缩的结果（见图1-13）和图片压缩后的大小。

（4）将优化后的图片另存为"啤酒——优化后.jpg"，此时该图片大小为82.9KB，尺寸为500px×647px。

图1-11　啤酒——优化前

图1-12　优化面板信息　　图1-13　优化后的预览效果

注：该优化操作是使图片尽量小，同时保证图片质量。

3. 美图秀秀

美图秀秀是一款免费的图像处理软件，与Photoshop相比，操作要简单得多，下载也方便。美图秀秀的界面直观，操作简单，基本是"一键操作"，可以让用户快速制作出效果出众的照片。美图秀秀操作界面见图1-14。

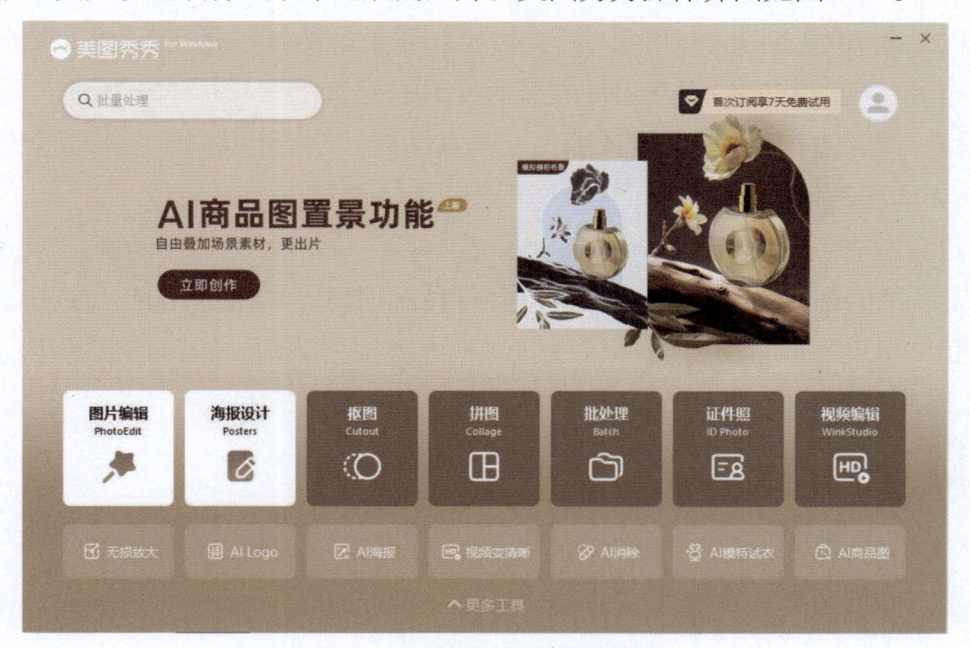

图1-14　美图秀秀操作界面

4. 光影魔术手

光影魔术手是一款免费软件，简单易用，不需要任何专业的图像处理技术，就可以对数码照片的画质进行改善或对效果进行处理，能够满足大多数情况下对照片后期处理的需求。光影魔术手操作界面见图1-15。

图1-15 光影魔术手操作界面

5．动画制作软件Flash

小张在淘宝店上看到有些商品用很多的静态图来展现宝贝的不同层面，如果用动画的形式展示会不会更吸引顾客的眼球呢？

随着互联网的广泛流行，Flash动画以其文件小、效果好的优点迅猛发展，它能整合文字、图片、声音、视频和应用程序组件等资源，具有强大的多媒体编辑功能，绘图和编辑图形、动画、遮罩是Flash动画设计的三大基本功能。动画是整个Flash动画设计的核心，也是Flash动画的最大优点。

注：原有的Flash软件已不再更新，目前常采用Adobe Animate制作动画。Adobe Animate是Adobe系统的多媒体动画软件，它包含各种图形设计和绘图工具，使用该软件的"时间线"和"运动编辑器"工具，可以创建不同类型的动画，是目前最常用动画制作软件之一。

第三步　基础知识与素养准备

1．审美

审美即欣赏、品味或领会事物及艺术品的美。在实际生活中，不同的人对同一事物有不同的审美标准，但基本的评判标准都是相同的，即设计中的对比、均衡、重复、比例、近似、渐变以及节奏美、韵律美等。审美在网店美工设计上非常实用，比如同一款产品选用的模特不同会造成不同的视觉效果，见图1-16。

2．设计

网店美工中的设计一般包含网店设计、Logo和店招设计、商品图设计、详情页设计等内容，一般遵循"简单、方便、实用、布局合理"原则，但同时要兼顾专业化和艺术化的特性进行设计。比如一款香水，用设计的理念将宝贝进行不同的排列，会达到吸引消费者眼球的目的，见图1-17。

图1-16　模特图

设计前　　　　　设计后

图1-17　设计前后对比图

3. 营销

什么是营销？营销就是要将产品卖给消费者，这是商家的根本目的，但需遵守相关法律法规。因此，好的美工是必须懂得营销的，用图片和文案有效传达信息，把产品推销出去。

4. 文案

文案就是以文字来表现已经制定好的创意策略，它是广告内容的文字化表现。在广告设计中，文案与图片同等重要，图片具有前期的冲击力，具有吸引消费者眼球的作用，而广告文案具有较深的影响力，可以影响消费者的购买行为。在网店美工中可以根据产品的特点设计不同的促销广告，合理利用文案突出产品的卖点。一般而言，广告文案具有准

相关知识

《中华人民共和国电子商务法》第三十八条规定：对关系消费者生命健康的商品或者服务，电子商务平台经营者对平台内经营者的资质资格未尽到审核义务，或者对消费者未尽到安全保障义务，造成消费者损害的，依法承担相应的责任。

确规范、简明精练、生动形象、传递清楚、新颖个性和上口易记等特点，见图1-18。

图1-18 文案图

5．沟通

沟通从字面上理解是人与人之间、人与群体之间思想与感情的传递和反馈的过程，以求思想达成一致和感情通畅。而在网店美工中常指的沟通是美工人员和运营人员之间的沟通，运营人员在电商团队中往往起主导作用，统筹管理店铺，制定方向策略，关注的是如何吸引客流、如何提高成交量；而美工人员则是帮助运营人员通过视觉设计将产品信息传递给顾客的传递人。

有效的沟通能力也是美工人员所需要具备的基本素养。运营人员在美工设计之前必须就活动的目的（主题）、目标受众、项目背景、时间安排等和美工人员进行沟通；而美工人员要主动、有意识地引导整个美工设计过程，了解运营活动对于图片的要求，合理设计产品图片，满足活动要求。

任务评价

评价项目	评价内容	评价方式		
^	^	自我评价（30分）	小组评价（30分）	教师评价（40分）
职业素养（分值占比50%）	能自觉遵守规章制度，出色完成工作任务			
^	具有团队合作意识，协作沟通能力强			
专业能力（分值占比50%）	能举例说明常用的美工软件，并进行简单操作（至少2种）			
^	能对美工的基础知识和素养进行举例说明			
评分合计	^			
综合评价：				

项目总结

通过本项目的学习，学生应能借助互联网熟练查询网店美工相关信息，对网店美工有清晰的认识，能认识到美工对于网店的重要性。同时，能通过对美工岗位信息的了解，加深对职业发展趋势与从业要求的了解，培养自身对网店美工的感性认识与基础意识，为后继学习做铺垫。

动画微课1：岗位认知

项目二

店铺装修基本理念

项目简介

本项目中，我们将了解网店图片处理、网店色彩搭配、网店布局以及网店美工的文案编辑。通过对图片来源的分析，了解基本的商品拍摄技巧；认识常用的图像处理软件并使用图像处理软件对拍摄图片进行基本处理；了解色彩的基础知识及网页的配色原则；从了解网店的基础元素着手认识网店的常用布局样式；了解文案的写作手法、写作思路等。

项目目标

- 了解网店图片来源。
- 了解网店图片的基本拍摄技巧。
- 了解常用的图像处理软件及图片后期处理知识。
- 了解色彩基本知识及网页配色原则。
- 了解网页常用的布局样式。
- 了解文案写作手法、写作思路等。

任务一
图片处理

任务介绍

在本任务中，我们将具体了解美工日常工作的内容，分析网店商品图片的来源，了解商品的基本拍摄技巧，认识常用的图像处理软件，并能进行简单的图像处理操作。

任务描述

小张在了解了网店美工基本的岗位知识之后，对于网店美工的工作非常感兴趣，决定在毕业之前尝试在淘宝网上开店，以便积累相关经验。在亲朋的帮助下，小张决定在网上售卖童装，然而在网店装修时遇到了第一个问题，就是商品的图片从何而来？该如何制作？

任务实施

第一步 寻找商品图片

小张在开店后发现同样的商品在网上会以不同的图片形式进行展示，而且好的图片颜色艳丽、制作精美，非常吸引顾客的眼球。那么这些商品的图片到底是从哪里来的呢？

小张经过学习发现网店图片的来源无外乎以下几种。

来源一：由生产厂商提供相关商品图片

现如今，网上商店的火爆场面不单赢得了一大批创业者的青睐，也越来越受到产品生产商的重视，生产商们在提供商品给分销商的同时，为了帮助分销商们进行网店售卖往往还为分销商提供拍摄好的商品图片，这些图片都由专门的摄影团队去拍摄，而且还对拍摄图做了后期的处理，使图片更美观。但以这种方式获得的图片将和其他分销商产生"撞图"现象，没有特色，无法脱颖而出。

来源二：自己拍摄制作

此种方式就是自己去拍摄商品图片，这样拍出的图片造型、角度、卖点、模特和场景都能由自己根据商品的特点去布置，而且随着拍摄经验的积累，拍摄图片的质量也会越来越好。

第二步 了解商品基本拍摄流程

通过两种图片来源的对比之后，小张为了积累更多网店美工的经验，决定从最基本的图片拍摄入手，学习拍摄商品的流程。

通过学习，小张了解到商品拍摄一般有以下几个流程，见图2-1。

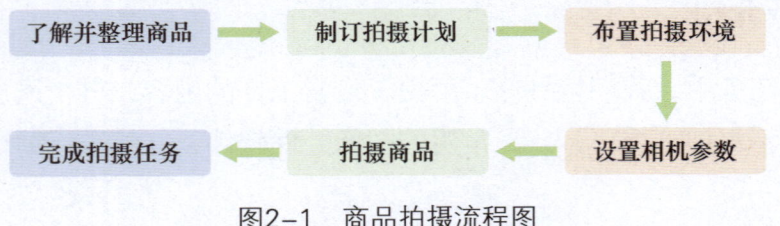

了解并整理商品 → 制订拍摄计划 → 布置拍摄环境 → 设置相机参数 → 拍摄商品 → 完成拍摄任务

图2-1 商品拍摄流程图

想一想

各种商品图片来源方式分别适合哪些创业人群？对于具有长远创业梦想的创业者来讲，最好选用哪种图片来源方式？

1. 了解并整理商品

在拍摄商品前应尽量了解拍摄商品的特性，包括了解所拍摄的商品、包装、产品说明及商品卖点，确定整体风格，准备好拍摄道具等。最后，还要对商品进行清洁整理操作。小张需要拍摄的商品是童装，在拍摄前就需要对童装进行整理，修剪多余的线头、清除污渍、整理褶皱是必不可少的步骤。

2. 制订拍摄计划

在拍摄之前应制订好拍摄计划，提前想好需要拍摄的情景、角度、细节等，并做好记录，这样拍摄的时候效率会比较高，并且可减少漏拍现象发生。如果在拍摄时发现有更好的拍摄构思，应及时记录到记录表中以便积累该商品的拍摄经验，为下次拍摄做好准备工作。

3. 布置拍摄环境

拍摄的环境大致可分为室内环境和室外环境两种。外景拍摄主要是选择风景优美的环境来作为背景，采用自然光加反光板补光的方式进行拍摄，这样拍出的照片比较容易形成独有的个性特色和营造泛商业化的购物氛围。

在室内环境中首先要选好摄影台，布置背景时尽量选用白色或者其他单色背景，之后要根据商品对光的反射特性来确定灯光位置。布置灯光可谓拍摄准备工作的重头戏，根据商品的不同，用光也会有所差异。

4. 设置相机参数

在布置好拍摄环境后要根据拍摄的环境设置相机的参数。IOS数值、白平衡设置、焦距与拍摄模式都是常见的需要调整的相机参数。

5. 拍摄商品

根据拍摄计划对商品进行拍摄，一般需要拍摄的图片有商品整体图、商品侧边图、商品45°侧面图、底面图等。此外，还需要根据商品的卖点拍摄相关细节图，最后还可以适当拍摄模特图。

6. 完成拍摄任务

在完成拍摄后应检查拍摄的商品图是否合格，并总结拍摄技巧，积累经验，为后续拍摄作准备。

第三步　学习常用的美工图片处理操作

经过认真拍摄，小张得到了较满意的商品原片，但这些商品原片还不能直接上传到自己的店铺，还需要进行图片处理。正好小张在学校学习了相关的图像处理专业知识，决定使用Photoshop软件来对拍摄的图片进行处理。

1. 裁剪图片

打开拍摄好的图片后发现，商品周围出现了不该出现的物品，这时我们可以使用裁剪工具处理图片。

用Photoshop打开需要裁剪的图片，选择裁剪工具图标🔲或使用快捷键<C>，用鼠标调整裁剪区域大小，按<Enter>键完成裁剪操作，见图2-2。

裁剪前　　　　　　　　　　　　裁剪中　　　　　　　　　　　　裁剪后

图2-2　裁剪图片

2．调偏色

在商品摄影时如果未设置相机的白平衡，会使得照片拍出来的色彩偏色。如图2-3所示，调色前的照片偏黄，这时可以使用Photoshop对其做后期的处理。

调色前　　　　　　　　　　调色后

图2-3　调色前后对比

使用Photoshop打开图片，在菜单栏中选择"图像"→"调整"→"曲线"命令，打开曲线对话框。蓝色和黄色是互补色，所以这里选择蓝色通道进行调整。如图2-4所示，用鼠标在曲线的中部将蓝色通道的曲线稍微上调至自己满意为止，可以看到照片整体的颜色不再偏黄，适当地还原了原有的色彩（见图2-5）。调整后效果见图2-3。

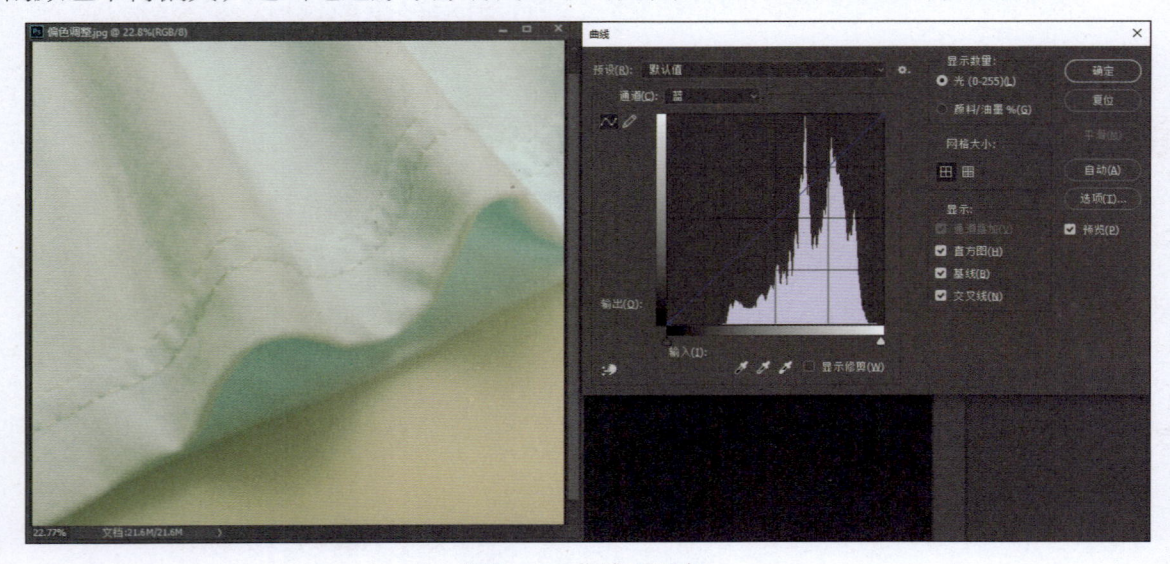

图2-4　曲线对话框

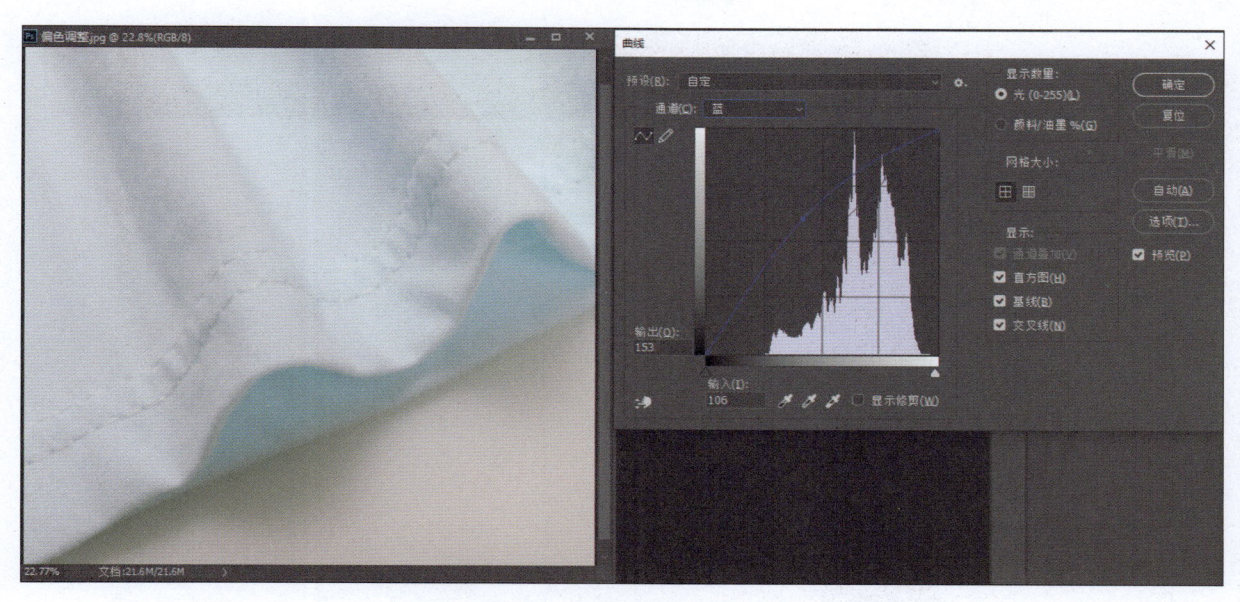

图2-5 调整曲线对话框

3．抠图

抠图是网店图片处理中最重要的一项工作，很多淘宝活动都要求是白色的背景图片，抠图是必须掌握的技术。

（1）使用Photoshop软件打开需要抠图的图片，执行"钢笔"工具命令，选择工具模式为"路径"，然后在商品的边缘单击鼠标并拖动，建立节点及控制柄，见图2-6。

图2-6 建立节点及控制柄

（2）在衣服的下一边缘单击鼠标并拖动，这样就产生了光滑的路径曲线，按住<Alt>键调节控制柄的方向及距离可以调节路径的曲线，分别调节路径中的两个控制点，使路径跟图像边缘尽量吻合，见图2-7。

图2-7 调节控制柄

（3）依次在衣服的边缘单击，增加节点并调整控制柄，得到非常精准的路径形状，见图2-8。

图2-8 闭合路径

（4）按<Ctrl+Enter>组合键，将路径转换为选区，按<Ctrl+Shift+I>组合键，选区反选，删除选择区域，完成抠图，见图2-9。

图2-9 抠图完成

4. 添加水印

为了防止自己拍摄制作的图片被他人盗用，很多时候我们都会给图片加上特有的防伪标志——水印。

（1）使用Photoshop软件打开需要添加水印的图片，执行"文字"工具命令，写上水印的文字，并调节文字的位置、方向及大小，见图2-10。

图2-10 添加水印文字

（2）对文字图层执行"图层"→"图层样式"→"混合选项"命令，打开图层样式对话框，将常规混合中的不透明度改为55%，并选中"描边"为文字描黑边，见图2-11。至此水印的添加就完成了，效果见图2-12。

想一想

在Photoshop软件中还有什么工具能完成调色、抠图的操作？

随堂记

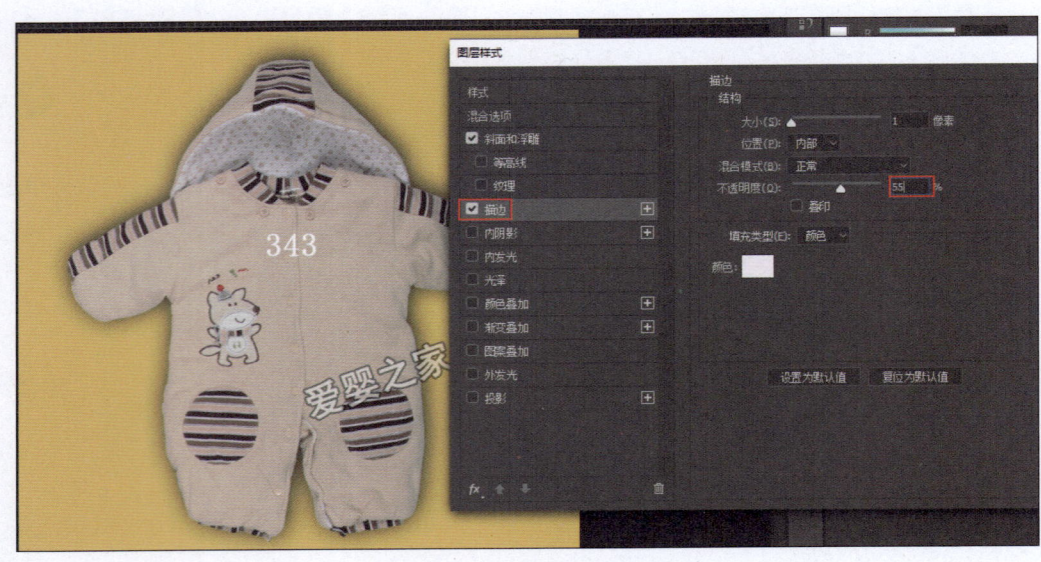

图2-11　调整图层样式

图2-12　水印效果

任务评价

评价项目	评价内容	评价方式		
^	^	自我评价 （30分）	小组评价 （30分）	教师评价 （40分）
职业素养 （分值占比50%）	能自觉遵守规章制度，出色完成工作任务			
^	有团队合作意识，协作沟通能力强			
专业能力 （分值占比50%）	能归纳说明网店图片的来源方式及其优缺点			
^	能对商品进行拍摄			
^	能列举三种以上的图像处理软件			
^	能对图片进行裁剪、调色和抠图操作			
评分合计				

综合评价：

任务二
网店色彩搭配

任务介绍

本任务从介绍色彩的构成、色彩的性格及色彩关系着手，说明色彩对网页的影响，使学生能够识别颜色，感知颜色传达的意义，同时了解网页配色的原则。

任务描述

小张是一名电子商务专业的学生，但对如何运用色彩表现自己的网店风格一直是一知半解。在决定开淘宝店后，小张迫切地希望能运用色彩搭配知识突显自己的网店风格。那么，小张如何创作出属于自己的网店风格呢？

任务实施

第一步 认识网店颜色

小张在浏览网店的时候，发现不同的网店有不同的颜色，而且相同的店铺在不同时间段的颜色也不尽相同，不同颜色的网店给人的感觉是完全不一样的，为什么会出现这样的现象呢？

现象一：不同时期的网店颜色

小张想送妈妈一部手机，在网上查找之后发现网店为了迎合5月20日的"情人节"活动，将网店色彩都调成了浪漫的粉色，见图2-13。而回想几个月前春节时期，当时的大部分网店都是以喜庆的红色为主，见图2-14。

图2-13　手机网店　　　　　　　　图2-14　坚果特产网店

传统文化链接

春节，即中国农历新年，是我国传统节日，俗称新春、新岁、岁旦等，又称过年、过大年。

新春贺岁活动以祭祝祈年为中心，以除旧布新、祭祖、驱邪攘灾、祈求丰年等形式展开，内容丰富多彩，热闹喜庆，年味浓郁，凝聚着中华文明的传统文化精华。在春节期间，全国各地均有举行各种贺岁活动，如买年货、扫尘、贴对联、吃年夜饭、守岁、拜岁、拜年、舞龙舞狮、逛庙会、上灯酒、赏花灯等。春节是中华民族最隆重的传统佳节。受到中华文化的影响，世界上一些国家和地区也有庆贺新春的习俗。

习近平总书记在文化传承发展座谈会上指出："中国文化源远流长，中华文明博大精深。只有全面深入了解中华文明的历史，才能更有效地推动中华优秀传统文化创造性转化、创新性发展，更有力地推进中国特色社会主义文化建设，建设中华民族现代文明。"

现象二：不同主营类目的网店颜色

小张想为爱喝茶的爸爸买些茶叶，在网上查找之后发现茶叶的网店基本都是以绿色为主色调，见图2-15。而为小侄子购买儿童手表的网店则是以橘黄色为主色调，见图2-16。

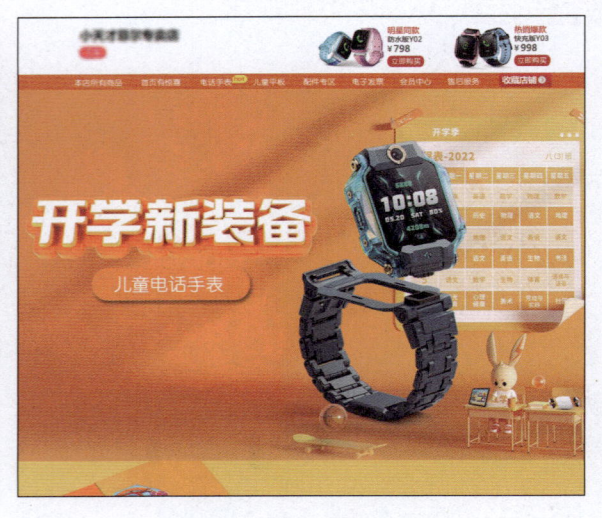

图2-15　茶叶网店　　　　　　　　图2-16　儿童手表网店

想一想

通过以上两种现象，请同学们想一想，网店的主色调与什么有关？为什么要设置成这些颜色？

知识链接

掌握一些色彩的基本常识对于设计、装修网店非常有帮助，这些常识都源自人们对色彩的理解和科学归类。其中色彩的色相、明度和饱和度与网店页面色彩的构成紧密相关，了解并掌握色彩的基础知识可以让网店设计工作事半功倍。

1. 色彩的属性——色相、明度、纯度

任何一种色彩都具有三种基本属性，它们分别是：色相、明度、纯度。

色相是指色彩的相貌，也就是色彩最显著的特征，是一种色彩区别于另一种色彩的最主要的因素。比如红色、绿色、蓝色等都代表了不同的色彩相貌。

明度即色彩的明暗、深浅变化，也叫色彩的亮度。明度越大，色彩越亮。

纯度通常是指色彩的鲜艳程度，也称色彩的饱和度。纯度高的色彩纯且鲜亮，纯度低的色彩则比较暗淡。

2. 色彩的性格含义

社会环境中长期积累的认识、主观意向等，导致我们对色彩产生一种习惯性的心理反应，赋予了色彩不同的性格。常见色彩的性格含义见表2-1。

表2-1 色彩的性格含义

色彩	性格含义
红色	活力、健康、热情、希望、喜庆
橙色	兴奋、喜悦、活泼、华美、温和、欢喜、灯火、秋色
黄色	温和、光明、快乐、希望、金光
绿色	青春、和平、朝气、春色、自然、清新
青色	希望、坚强、庄重、青春
蓝色	清新、宁静、平静、科技、理想、独立、海洋
紫色	高贵、典型、华丽、优雅、神秘
黑色	高贵、权威、稳重、严肃
白色	纯洁、神圣、洁净、清爽、轻松
灰色	平静、稳重、诚恳、朴素

3. 色彩的关系

基本色相的秩序以色相环形式体现，色相环可分为六色相环、九色相环、十二色相环、二十色相环等多种色彩秩序。下面我们以十二色相环为例介绍颜色之间存在的关系。

选择其中一种颜色作为基色，每两种颜色之间间隔30°，随着角度的增大将色相划分为同类色、邻近色、对比色以及互补色四种色相关系类型，每种色相由于在色相环的角度位置不同，从而使得色相间对比差异更加明显，如图2-17所示，是以黄色为基色的色彩关系。

图2-17 色彩关系

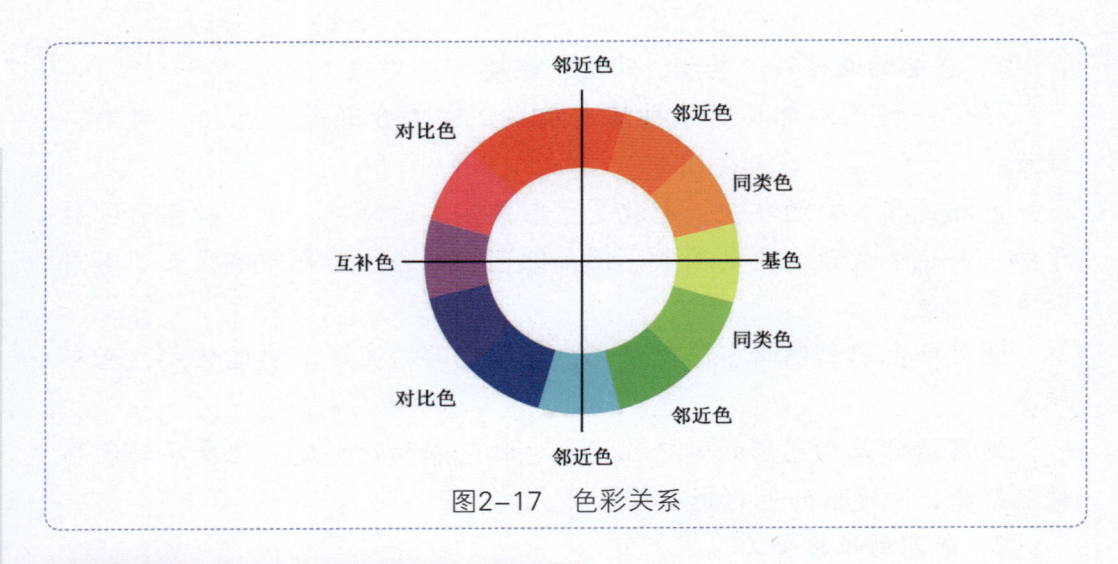

第二步 了解网店的配色原则

小张发现网店的布局和颜色不是一成不变的，不同的时间、不同的季节网店会以不同的色彩去展现店面。这到底是为什么呢？

我们在浏览网店时，首先吸引我们眼球的就是色彩布局和搭配，接着我们才会去关注细节及文字内容。所以，颜色对于网店来说至关重要。而每种颜色都有其独特的性质，因此什么时候、什么类目用什么颜色对于网店经营的好坏影响重大。因此，要想把网店经营好，在颜色的搭配上必须遵守一些基本的配色原则。图2-18为某母婴网店首页图，我们将以此图为例进行分析。

图2-18 母婴网店首页

1. 主色调不超过三种

应根据网店的内容需求，选择合适的主色调。在网店的主色调使用中不要将所有的颜色都用到，尽量控制在三种色彩以内。过多的色彩，会使人产生杂乱无章的感觉。该模板为了凸显温馨风格从而选择以黄色为主色调，点缀色也以浅绿色为主。点缀色与主色调的颜色范围控制在邻近色的范畴之内，不会让人产生颜色跳跃感，从而给人以温和、快乐的感觉。

2. 与主营类目相适应

主营类目也就是我们的商品类型，我们对不同商品的认识，导致我们对不同的商品有着不一样的心理印象，与商品类型相适应的颜色则能加强我们的这种心理印象。母婴店的用品对象是婴儿，婴儿需要呵护和温和对待，而且婴儿代表的是一个家庭的希望，这里主色调用黄色正是因为黄色的色彩性格代表的正是温和与希望。再如，在我们的印象中喝茶是一种健康的生活习惯，所以茶叶网店都喜欢以绿色为主色调，用绿色来突出健康的特性。

3. 与目标对象相适应

目标对象即购买该商品的顾客。网店的配色要与目标对象相适应，要去分析目标顾客的喜好。比如，母婴店中，婴儿用品基本都是由父母进行采购，这时我们就要根据父母的心理对店铺进行颜色搭配，这时的父母心情是喜悦的，所以一般会使用浅色、暖色调的颜色营造温馨的氛围。而儿童玩具店里，虽然儿童玩具还会由父母进行选购，但很多时候父母也会去征求孩子的意见，所以网店配色还要考虑孩子的喜好，相信色彩鲜明的店铺更能吸引孩子的眼球。如图2-19所示，儿童玩具店面更多地考虑了儿童这个目标对象，从而设计成色彩鲜明的形式。

4. 与季节、活动、节日相适应

网页需根据季节、活动、节日的不同，使用不同的主色调。例如，春天和夏天我们常使用绿色；秋天则用黄色比较多；冬天会用红色或黄色等比较暖的色调；七夕这样的活动日则适合用粉色；国庆、春节期间网店页面常使用红色营造喜庆的氛围。

5. 慎用过于艳丽的颜色

过于艳丽的颜色比较刺眼，人看久了会产生视觉疲劳，甚至会产生反感。过于艳丽的颜色要少用，如果一定要使用艳丽的颜色来刺激顾客眼球的话，要注意这样的颜色的面积不能过大。

图2-19　儿童玩具网店首页

6. 注意背景与文字颜色的对比

最后，还要注意图片背景与文字之间的颜色对比，如图2-20所示，当背景颜色是绿色，而选择同类色作为文字的颜色时，两色之间对比不明显，要看清文字比较费力；而选择对比色红色作为文字的颜色时，如图2-21所示，两色对比明显，但太刺眼，看久了会使眼睛过于疲劳；如果选取邻近色作为文字的颜色，颜色将相对缓和也很清晰，见图2-22。

图2-20　同类色的文字　　　图2-21　对比色的文字　　　图2-22　邻近色的文字

想一想

请同学们结合网店配色原则，思考如果售卖的是以职业女装为主的商品，网店应如何配色，主色调应以什么颜色为主？

任务评价

评价项目	评价内容	评价方式		
		自我评价（30分）	小组评价（30分）	教师评价（40分）
职业素养（分值占比50%）	能自觉遵守规章制度，出色完成工作任务			
	有团队合作意识，协作沟通能力强			
专业能力（分值占比50%）	能准确说出色彩的属性、性格以及色彩间的关系（由教师抽检）			
	能归纳网店色彩的本色原则，并举例说明			
评分合计				

综合评价：

任务三 网店布局

任务介绍

在本任务中，我们将分析淘宝网店首页中的基本元素，了解常见的网店布局样式，分析网店布局规划，培养网店布局意识，为后续装修网店做准备。

任务描述

淘宝店的装修是通过各模块的组合设计而成的，那么各个模块该如何安排才能抓住客户的购买心理，成了困扰小张的一个难题。

动画微课2：
网店整体规划

任务实施

小张在网上寻找想买的商品时觉得有些网店的首页层次分明，在首页上就能了解商家的优惠信息、商品类目等，想找客服询问也很方便；而有的网店却杂乱无章，有时候想找客服都不知道入口在哪里，就更别说激发顾客购买的欲望了，这是怎么回事呢？

要了解网店吸引顾客的原因，就要先了解其基本的模块元素。在淘宝网店首页的布局管理中，可以通过增加模块内容达到美化店铺、突出商品展示的效果，并以此来达到吸引顾客、提高销量的效果。下面以图2-23所示某天猫店铺首页图为例进行说明。

1．店招及导航

通常店招用于展示店铺名称和品牌形象，也常被当作广告位进行商品的展示。导航则具有分类导航、产品搜寻等功能，可让消费者更方便快捷地了解店铺分类，精确找到所需商品。

2．轮播图

轮播图主要用于产品形象展示、店铺活动宣传和主推商品的展示等。为了充分发挥首屏的营销效果，我们将整店的产品与活动图片做成轮播图去展示，这样就能在第一屏展示多张Banner图片。而且为了让顾客在第一屏就能将重要的信息看完整，我们要控制好图片的高度，建议将图片高度控制在400px～600px。

3．活动导航

活动导航模块主要用于展示店铺的活动，使顾客进入店铺首页便能获取到店铺的活动信息，如案例中的优惠券能让顾客快速了解到店铺的活动详情。

4．主推商品展区

主推商品展区向消费者推荐本店热卖或者是优惠新品等，将其放在首页前端能很好地吸引顾客的注意，从而推销产品。

5．客服区

客服区就像是店铺中的导购，顾客可以实时联系店铺客服人员，咨询商品的相关问题。

6．产品展示区

如果前面展示的活动商品不能吸引顾客购买，那么产品展示区就给了店铺其他商品一个很好的展示平台，让顾客能有更多的选择。

7．页尾

网店页尾可以添加消保、售后服务、7天无理由退换货、购物流程、联系方式等内容。

项目二 店铺装修基本理念 | 037

店招及导航

轮播图

活动导航

主推商品展区

客服区

产品展示区

页尾

图2-23 天猫店铺各元素模块

📖 **知识链接** ▶▶▶

　　网店的装修布局要充分考虑顾客的视线关注范围和方向，也就是顾客的视觉流程，一般情况下顾客的视觉流程是由上至下对网店进行浏览的。根据此种视觉流程可进行竖向型的版面布局，见图2-24。

　　依据竖向型的视觉流程设计的画面，能产生稳定感，条理更清晰，符合人的阅读习惯，也是常见的网店布局样式之一。

另一种比较常见的网页布局样式是曲线型的版面布局。曲线型的视觉流程是指画面的设计元素按照曲线的变化进行排列，见图2-25。

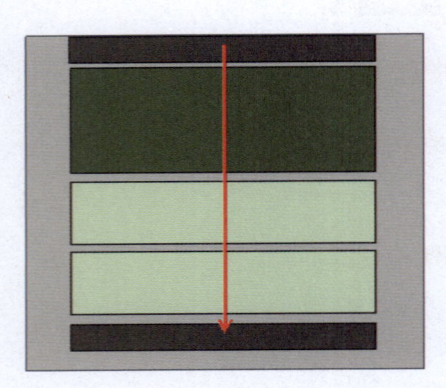

图2-24　竖向型网店布局视觉流程　　　　图2-25　曲线型网店布局视觉流程

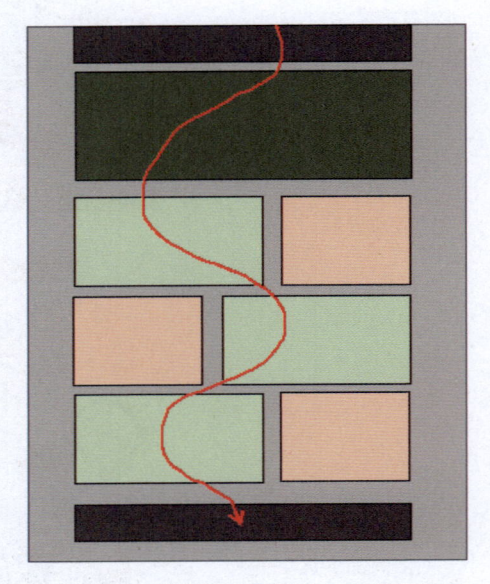

曲线型的视觉流程将版面按照"S"形的曲线进行编排，产生一定的美感，让版面布局产生视觉平衡，也会让画面的视觉空间效果更加灵动、有跳跃性，从而缓解视觉疲劳。

任务评价

评价项目	评价内容	评价方式		
^^	^^	自我评价（30分）	小组评价（30分）	教师评价（40分）
职业素养 （分值占比50%）	能自觉遵守规章制度，出色完成工作任务			
^^	有团队合作意识，协作沟通能力强			
专业能力 （分值占比50%）	能举例说明淘宝网店首页的基本模块			
^^	能独立完成网店布局设计			
评分合计				

综合评价：

项目二 店铺装修基本理念 | 039

任务四
网店美工文案编辑

任务介绍

在本任务中,我们将学习美工文案的编辑,分析网店美工的文案写作技巧,了解关于商品卖点文案的写作方法。

任务描述

小张在经过几个月的网店运营之后发现,自己的店铺访问量少得可怜,一些商品的点击率也惨不忍睹,百思不得其解的小张决定看看同行中销量大的网店是怎么经营的。那么,小张能否发现其中奥秘呢?

任务实施

第一步 初识美工文案

运营网店一段时间后,小张发现自己制作的图片的点击率不理想,自己明明已经把商品图片处理得很漂亮,为什么还是不能吸引顾客点击呢?

小张决定去看看自己的同行是怎么设计商品主图的。经过查找,小张找到了跟自己销售同样商品的网店,发现对方与自己的主图存在一些细微的差异。比如,同样是女童牛仔裤,图2-26是自己店铺的图片,虽然该图片整体风格活泼并完美展示了商品款式,然而和图2-27相比,图2-27不但展示了商品的款式,同时简单的几句文案更说明了商品的特点——"无束缚,更舒服",并且主图下面的"第2件半价"也特别醒目地宣告着本店的优惠信息,吸引着顾客的眼球。

图2-26 无文案的主图   图2-27 有文案的主图

想一想

如图2-28所示两张图片,哪张更吸引消费者?为什么?

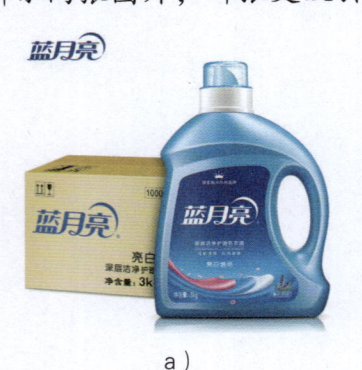

a)　　　　b)

图2-28　商品主图

第二步　了解美工文案的写作方法

通过对比,小张发现了美工文案对于网店的重要性,决定学习美工文案知识,为此小张特意去咨询了在电商公司上班的表哥小李。表哥小李结合自身实际给小张讲了这样一个小故事。

小故事

小李去了一家公司做美工实习生,很快接到公司做主图的任务,做主图对于小李来说轻而易举,很快一张精美、漂亮的主图就交到了运营经理手里,见图2-29。

运营经理:小李,你这做的是什么啊,我们的产品卖点没有表达出来呀!

小李:卖点?能具体说一下吗?

运营经理:就是我们的产品有什么功能嘛,可以去跟产品研发部多沟通一下,而且我们使用的是顺丰快递,这也是我们的优势呀!

小李:嗯,明白了。

跟研发部沟通后,小李为自己的主图加入了相关元素(见图2-30),自信满满的小李又一次来到了运营经理办公室。

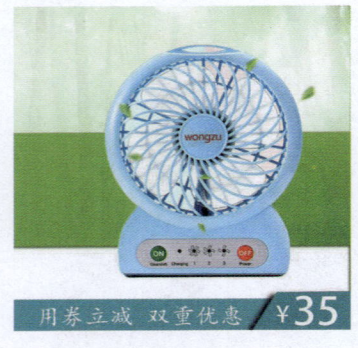

图2-29　商品主图(1)　　　　图2-30　商品主图(2)

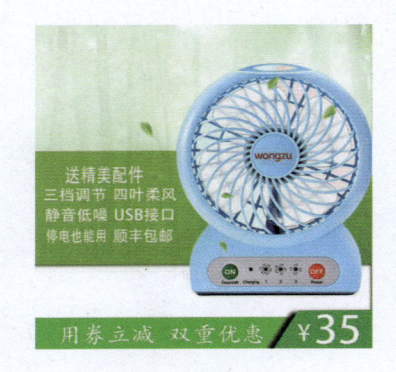

运营经理：小李，你这卖点是表达出来了，可是我总觉得怪怪的，没有亮点呀。

小李：怪怪的？什么亮点？

运营经理：去跟你带班师父聊一下吧！

小李：嗯，好吧。

满腹疑问的小李，跟自己的师父抱怨了起来。师父看完后指点了一下小李，小李带着再次修改好的商品主图（见图2-31）走进了运营经理的办公室，这次运营经理终于满意地点了点头。

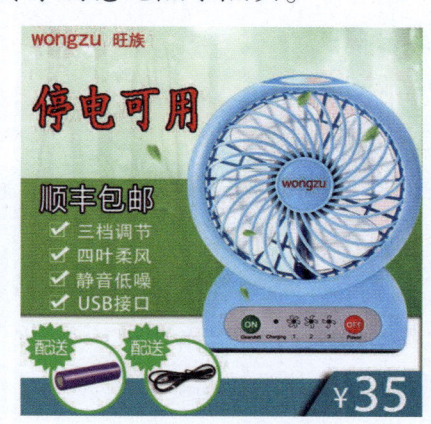

图2-31　商品主图（3）

> **想一想**
>
> 通过案例，同学们讨论一下小李每次制作的主图的不同点，以及为什么要这样修改。

知识链接

网店美工文案的写作思路

1. 标题突出

图片是简单直观的一种表达方式，这样就注定了美工文案不能像软文文案那样去铺垫、罗列产品的卖点，它只能简洁地去表达一两个卖点而且只能表达最直观、最特别、最具有优势的商品卖点，最好能直击消费者的痛点，让消费者毫不犹豫就决定点进来看看。所以做图片时要把握好图片的标题，而且要适当调整字体的大小以便突出标题。一般情况下可以制作主标题和副标题，比如上面的案例里面主标题是"停电可用"，副标题是"顺丰包邮"。

2. 尽量用图片形式表达

能用图片说明的就尽量不用文字去表述，比如上面案例中的赠品，以图片的形式展示赠品，要远比"赠送精美配件"几个文字直观得多。

3. 目标明确

图片是给消费者看的，美工文案写作时应该时刻提醒自己，为什么消费者会对我们的图片感兴趣？只有研究好面向的目标人群才能制作出符合该人群审美的图片，写好符合该人群口味的文案。比如售卖母婴产品的美工都喜欢将商品图片的色彩制作得温馨柔和，文案则贴合母婴角色，以适应目标人群的消费习惯。

4．形式美观

在网店中，销量大的商品其图片可能不是最漂亮的，但其一定也不是最难看的。美工的文案当以图片美观为前提。

网店美工文案的练习思路

1．总结同行文案

我们平时应该多去看同行的美工文案并加以总结，这是提升我们自身文案水平最快的一种方式。

2．了解自己的产品

最大化地了解自己店铺的产品，只有充分了解产品才能挖掘出其与众不同的卖点；同时也应多跟公司的运营部门沟通，了解产品的运营方案。

3．关注时下流行词汇

流行词汇之所以流行是因为使用的人多，这样关注这些词汇的人也就比较多，而且使用流行词汇的文案无形中就拉近了与消费者的距离，可使消费者更容易接受自己店铺的产品。

4．了解平台规则

美工在平时的文案写作中应注意遵守相关的平台规则。文案在对产品进行描述时会有一定的"夸张"成分，但这种夸张绝不是虚构，更不是虚假，而是在搜罗、分析整理各种翔实信息的基础上，突出产品的某些特性，在一定程度上刺激消费者在心理上产生更大的需求。但一定要注意不能侵犯他人权益，不能言过其实、过度宣传，否则会违反相关的平台规则，使自己的网店受到平台的处罚。

试一试

请同学们根据所学知识，尝试给图2-32中的登山鞋添加文案，并说明你添加文案的理由。

假设该登山鞋品牌是鸿星尔克，材质主要为人造皮革、橡胶与织物，具有耐磨、防滑、透气等特性，促销方式为赠送户外水壶。

图2-32 登山鞋与赠品

规避美工文案风险

随着市场监督的日益规范、法律法规的日益完善，尤其是《中华人民共和国广告法》（以下简称《广告法》）的颁布实施，各大电商平台都以《广告法》为标准规范平台内的广告。所以作为一名合格的网店美工必须了解《广告法》，规避美工文案中存在的风险。以下列出网店美工常见的几种违反《广告法》的行为，以帮助美工人员规避网店美工文案可能出现的风险。

1. 使用极限用词

根据《广告法》规定，不得使用"国家级""最高级""最佳"等用语。在实际操作中这样的极限用语不得出现在网店广告文案中。使用极限词语的违规商家，将被扣分，并遭到二十万元以上、一百万元以下罚款，情节严重者将被直接封店。据悉，极限用词包括以下词汇：国家级、世界级、最高级、最佳、最好、最大、最便宜、最新、最先进、首个、首选、首发、首家、绝对、独家、世界领先、顶级、顶尖、终极、销量冠军、第一（NO.1/Top1）、万能等。

2. 文案中有数据，但未注明数据来源

网店美工抓住大部分人对数据比较敏感、具有从众心理的特点，往往会使用数据来吸引人们的注意，达到吸引关注的目的，比如"已售出138件"。这样的文案违反了《广告法》中第十一条"广告使用数据、统计资料、调查结果、文摘、引用语等引证内容的，应当真实、准确，并表明出处"的规定，也就是说如果不能提供"138"这个数据的出处，那就是违反了相关的规定。

3. 普通商品宣传医疗效果

《广告法》规定，除医疗、药品、医疗器械广告外，禁止其他任何广告涉及疾病治疗功能，并不得使用医疗用语或者易将所推销的商品与药品、医疗器械相混淆的用语。例如，在对山楂饼的商品宣传中，往往容易想到"健胃消食"相关词语，但是由于山楂饼不属于药品，所以不得使用"健胃消食"这样的医学用语。

4. 与他人商品做对比，故意贬低他人的商品

自己的产品好不好拿他人的商品比一比就知道了，这是常见的网店美工文案设计依据，殊不知在对比的同时或多或少就会贬低了他人的商品，这样的对比方式是不允许的。《广告法》明确规定，广告不得贬低其他生产经营者的商品或者服务。

任务评价

评价项目	评价内容	评价方式		
		自我评价（30分）	小组评价（30分）	教师评价（40分）
职业素养 （分值占比50%）	能自觉遵守规章制度，出色完成工作任务			
	有团队合作意识，协作沟通能力强			
专业能力 （分值占比50%）	能举例说明美工文案对于图片的重要性			
	能归纳出美工文案写作思路			
	评分合计			

综合评价：

项目总结

　　本项目介绍了图片来源和拍摄技巧、常见的图片后期处理技巧、色彩的基本知识和网页配色原则、网店常见布局样式、文案的写作手法以及写作思路。网店装修没有固定的格式与方法，文案的写作方式与技巧也是日新月异。当然也有一些共性，就是要时刻提醒自己不断地去学习、去总结，广征博引、触类旁通。当一个人全身心投入做一件事的时候，往往会取得好的成绩。

项目三 产品主辅图设计

项目简介

本项目重点围绕产品主辅图的设计制作展开论述。在淘宝宝贝详情页中,最重要且最先吸引买家的就是产品的主辅图。主图展示的是产品的主要信息,辅图是对主图的补充,可以从不同的角度进一步展示产品的更多信息。不同类目的产品展示的内容也各不相同,好的宝贝主图除了要展示产品的相关信息之外,更重要的是能够吸引顾客,让顾客产生购买行为,并能够提高买家的回头率。所以说,主图是影响流量的重要因素,同时也是除价格之外影响点击率的重要因素之一。

动画微课3:
高点击率
主图的分类

项目目标

- 明确主辅图的作用,掌握主辅图的设计原则。
- 能够根据产品特点,兼顾客户的意愿,灵活地选片,并使用"文字"工具辅助完成主辅图的制作。
- 培养学生独立思考、大胆创新、认真操作的学习习惯。
- 锻炼学生与客户的沟通能力,使学生学会聆听,在交流过程中既能保证遵守行业标准,又能达到客户满意的效果。

任务一 服装类主辅图制作

任务介绍

在本任务中,我们主要是对服装类网店的主辅图进行设计制作。通过主图来展示服装的穿着效果,利用基本的形状和简短的文字来对品牌、质地等相关信息加以说明。同时,通过辅图来展示服装类产品的不同颜色以及正面、背面、侧面的穿着效果,并选用白底图,以提高产品在手机端的曝光率。

任务描述

设计师通过与客户沟通了解得知,网店要为"DCODE"品牌的一款披风设计主辅图,再通过进一步交流得知客户的要求如下:①在主图中体现出产品的品牌与品质;②辅图要更全面地展示出产品的多种信息;③图片配色和谐,文字使用美观得当;④提高产品在手机端的曝光率。具体见表3-1。

表3-1 某网店"DCODE"品牌客户需求信息

项目	客户反馈
产品品牌	DCODE
受众对象	年轻女士
产品卖点	双面羊毛呢披肩,含80%澳洲羊毛
主图尺寸	800px×800px
辅图尺寸	800px×800px
是否需要白底图	是

任务实施

知识链接 ▶▶▶

淘宝规范:宝贝主图大小不能超过3MB,700px×700px以上图片上传后宝贝详情页自动提供放大镜功能。

第一步 服装主图设计思路分析

设计师在明确了客户的要求后,根据客户提供的产品素材及产品特点,依据主图的制作原则,给出以下主图设计思路:

(1)选用年轻模特,从而界定产品的受众对象。如果没有真实模特,需从网上选取人物图片素材,一定注意在使用之前必须取得相关授权,避免引起不必要的法律纠纷。

(2)左上角黑色矩形白色文字框"DCODE专属你的感觉",既突出了产品的品牌,又能给人一种专属于本人的感觉。

(3)右下角的文字标注"80%澳洲羊毛、双面羊毛呢",既说明了产品的质地,在设计上又同左上角的矩形框作了呼应,且把文字设置成不同的颜色,可以使画面更加生动和谐。

（4）主图采用标准尺寸800px×800px。

第二步　主图操作实施

设计师与客户沟通设计思路后形成可行的实施方案，在征得客户同意后，具体制作过程如下：

1. 新建文档

启动Photoshop软件，选择"文件"→"新建"命令，创建一个空白文档，在弹出的"新建"对话框中，输入文件名称"主图"，将文件的宽度、高度分别设置为800px，设置分辨率为72像素/英寸，其他取默认值。

2. 导入背景素材

选择"文件"→"置入嵌入对象"命令，置入素材文件001，按住<Shift>键对图片进行缩放并移动到相应的位置，在图片中双击，完成效果见图3-1。

3. 制作左侧Logo图标

（1）置入素材文件007，用同样的方法进行缩放并移动到相应的位置。

（2）用"矩形选框工具"创建矩形选区，在图层面板为该图层添加图层蒙版，显示Logo的合适位置和大小，完成Logo的制作，效果见图3-2。

图3-1　主图模特效果　　图3-2　完成Logo制作后的主图效果

4. 右下角品质标示

（1）新建图层，选择"椭圆选框"工具绘制圆形选区，填充黑色。

（2）使用"矩形选框"工具，按住<Alt>键，在原来圆形选区的基础上减去下半部分，形成半圆形选区，填充白色，见图3-3。

（3）在图层面板上，为该图层添加"描边"图层样式，6px，黑色，完成效果见图3-4。

操作视频1：服装类主图

图3-3 减选并填充白色　　　　　　　　　图3-4 完成描边后的效果

（4）分别输入"80%""澳洲羊毛""双面羊毛呢"，并设置成不同的字体、大小及颜色，完成效果制作，见图3-5。

（5）按组合键<Ctrl+S>保存文件，并按组合键<Ctrl+Shift+S>将文件保存为JPEG格式。

图3-5 宝贝主图最终效果

小技巧

白色部分选区的创建，可通过获取矩形选区与圆形选区的交集来完成，操作方法如下：

（1）保留"圆形"选区或按住<Ctrl>键单击"圆形"所在图层的缩略图，获取圆形选区。

（2）选择"矩形"工具，在选项栏中选择"与选区交叉"按钮。

（3）框选部分圆形选区，即可获取。

第三步　服装辅图设计思路分析

（1）辅图是对产品的相关信息做更详尽的展示，是对主图中的未尽事宜加以补充与完善，所以辅图只需对产品的不同颜色、不同部位的穿着效果以及产品的未穿着状态做进一步展示。

（2）所提供的四幅辅图，仍然采用800px×800px大小。

（3）最后一张辅图设为白底图，是为了让顾客在淘宝首页中能够搜索到该宝贝。

第四步 辅图操作实施

设计师和客户沟通后，选取了客户提供的部分素材完成辅图设计，具体操作步骤如下：

1. 制作辅图1

（1）新建文件辅图1，设置大小为800px×800px，设置分辨率为72像素/英寸。

（2）置入素材文件002，按住<Shift>键等比例调整大小及位置。

（3）按组合键<Ctrl+S>保存文件，并按组合键<Ctrl+Shift+S>将文件保存为JPEG格式，效果见图3-6。

2. 制作辅图2

（1）新建文件辅图2，设置同辅图1。

（2）置入素材文件003，调整大小及位置。

（3）按组合键<Ctrl+S>保存文件，并按组合键<Ctrl+Shift+S>将文件保存为JPEG格式，效果见图3-7。

图3-6　宝贝辅图1　　　　图3-7　宝贝辅图2

3. 制作辅图3

（1）新建文件辅图3，设置同辅图1。

（2）置入素材文件004，调整大小及位置，效果见图3-8。

（3）置入素材文件005，调整大小及位置，效果见图3-9。

图3-8　调整素材文件004后效果 　　　　图3-9　调整素材文件005后效果

（4）在当前图层（素材文件005所在图层），创建矩形选区，添加图层蒙版，图层效果见图3-10。制作两张图片一左一右的效果，见图3-11。

图3-10　图层效果 　　　　图3-11　两张图片一左一右效果

（5）在两张图片结合处，绘制一个黑色矩形条。

（6）按组合键<Ctrl+S>保存文件，并按组合键<Ctrl+Shift+S>将文件保存为JPEG格式，效果见图3-12。

4. 制作辅图4

操作视频3：服装类白底图

（1）新建文件辅图4，设置同辅图1。

（2）置入素材文件006，调整至合适大小，并旋转至衣服摆正。

（3）使用钢笔工具对衣服进行抠图，复制衣襟部分对衣架进行遮盖，去掉图中的阴影和衣架。

（4）按组合键<Ctrl+S>保存文件，并按组合键<Ctrl+Shift+S>将文件保存为JPEG格式，效果见图3-13。

图3-12 辅图3最终效果　　　　　图3-13 辅图4最终效果

知识链接

淘宝白底图设计规范

1. 基础格式规范（白底图基础格式规范，制作上传必须达到的基本要求）

（1）图片格式：图片背景为#ffffff白色背景，图片尺寸800px×800px，图片分辨率72像素/英寸，图片存储格式为PNG或JPG，图片容量大小小于3M。

（2）严禁出现：敏感类目、违禁商品、政治敏感内容、宗教敏感内容、丧葬用品。

2. 标准规范

（1）构图基本原则：依据图片的类型，大体将图片几何化，商品主体展示完整，根据商品图类型确定构图。

（2）基础规范通用要求：

1）背景纯白底：背景需要为纯白色，不能有多余的背景、线条等未处理干净的元素。

2）无模特：不允许出现模特图，只允许有商品图。

3）无阴影和抠图痕迹：不允许有阴影和毛糙抠图痕迹。

4）单主体：只能出现单主体商品，不允许出现多主体（套装除外，套装不可以超过5件）。

5）不要拼图，不要有人体部位：不要拼合而成的商品图，不要出现人体的部位。

6）不要出现其他内容：不要出现文字、Logo、水印等。

7）主体要完整、不破损：商品主体完整，没有破损。

8）主体识别度高：主体可识别，能辨别是什么商品。

9）严禁出现：色情、暴力、政治敏感、宗教类商品素材，包括商品自身、商品上的图案、商品形状。

举一反三

某服装网店在换季时节将推出新品上衣，为了配合新品的上市，现需制作产品主辅图。设计师与客户沟通后得到需求信息，具体见表3-2。

表3-2 某服装网店客户需求信息

项目	客户反馈
受众对象	年轻女士
产品卖点	100%纯羊绒衫女高领韩版宽松毛衣
主图尺寸	800px×800px
辅图尺寸	800px×800px
是否需要白底图	是

请根据以上客户需求信息，为该女装制作主辅图（客户提供的商品图见资源包）。

任务评价

评价项目	评价内容	评价方式		
		自我评价（30分）	小组评价（30分）	教师评价（40分）
职业素养（分值占比50%）	能自觉遵守规章制度，出色完成工作任务			
	有团队合作意识，协作沟通能力强			
专业能力（分值占比50%）	主辅图选片合理			
	主辅图构图准确			
评分合计				
综合评价：				

任务二
食品类主辅图制作

任务介绍

在本任务中我们将为食品类网店设计制作主辅图。了解食品类主辅图主要从原材料、做工、外观、包装等方面展示产品的相关信息。清楚主图制作特点是以图为主，配以文字，既能通过图片展现产品的相关信息，又可通过文字对产品有一个概括介绍。能在制作过程中通过对文字的字体、大小及图层样式的灵活运用，以及路径的绘制与编辑，来完善整个主图的设计。同时通过辅图对食品的外观、种类及原材料等方面做更清晰的展示。

任务描述

中秋将至,某食品类网店打出了"绿色"月饼的推销活动。设计师通过与客户沟通得知,该网店需要制作月饼的主辅图,本着既能继续保持品牌形象,同时还要抓住时机提高经济效益的原则,现对美工提出如下设计要求:①主图简洁大方、有品位,能够清晰地展现产品;②要突出产品的特点与卖点——"手工制作、绿色无添加";③辅图要从多角度展示产品的种类与外观。具体要求见表3-3。

表3-3 某食品类网店客户需求信息

项目	客户反馈
主图内容	图文并茂
营造气氛	营造中秋节日气氛
产品卖点	手工制作、绿色无添加
主图尺寸	800px×800px
辅图尺寸	800px×800px
是否需要白底图	否

任务实施

第一步 食品主图设计思路分析

设计师在明确了客户的要求后,根据客户提供的产品素材及产品特点,依据主图的制作原则,给出以下主图设计思路:

(1)图片居中,以体现其主体地位;为了清晰地展示产品所使用的食材,最好使用掰开的月饼。

(2)为了传递"新鲜、绿色"的理念,可放置绿叶作为衬托。

(3)根据产品的品质和特点,可采用深色背景,既与月饼属于同一色调,又体现出一种高端的品质,达到了品牌宣传的效果。

(4)根据要求,使用"浓情中秋"四个白色字,大小不同,再配以"月亮"形状等曲线,既突出了作品的主题,又形成了鲜明的对比,更显灵动。设计时可优先选用系统自带字体,如果使用他人字体用于商业活动,必须经著作权人允许,否则就会构成字体侵权,要承担侵权责任。

(5)"美味挡不住"使用了活泼的小字体,以红色圆作背景,既给人以喜庆的感觉,又使整体布局错落有致、主次分明。

(6)"无添加无防腐,纯手工制作",既体现了产品的卖点,又使整个画面更加丰满，不张扬的虚线框更能凸显出文字本身的内容，让人不能忽略。

第二步 主图操作实施

设计师在与客户沟通设计思路后形成主图，征得客户同意后，着手主图的制作，具体制作过程如下：

1. 安装"华康字体包"

将下载的"华康字体包"中的文件复制并粘贴到"C:\Windows\Fonts"目录下。

2. 新建文档

启动Photoshop软件，选择"文件"→"新建"命令，创建一个空白文档，在弹出的"新建"对话框中，输入文件名称——主图，将文件的宽度、高度分别设置为800px，其他取默认值。

3. 制作背景

（1）新建图层，填充径向渐变，左右滑块颜色分别设为#a05a1e和#060201。填充效果见图3-14。

图3-14 渐变填充效果

> **传统文化链接**
>
> 中秋节是我国一大传统节日，已经被列入我国非物质文化遗产。中秋节自古便有祭月、赏月、拜月、吃月饼、赏桂花、饮桂花酒等习俗，流传至今，经久不息。
>
> 同时，作为民族文化展现最丰富的传统节日之一，中秋节有着独特的文化内涵，它象征着亲人团圆、社会和谐、感恩自然和家国情怀，是中国人民的伟大创举，是中华民族渴望统一、团结的历史见证，更是海内外中华儿女认同、沟通、凝聚和发展的精神动力，在中国人的生活中占有极其重要的地位。

（2）为当前图层设置"添加杂色"滤镜效果，数量为14.21%、平均分布、单色。具体参数见图3-15。

（3）设置"动感模糊"滤镜效果，角度90°，距离30px。具体参数见图3-16。

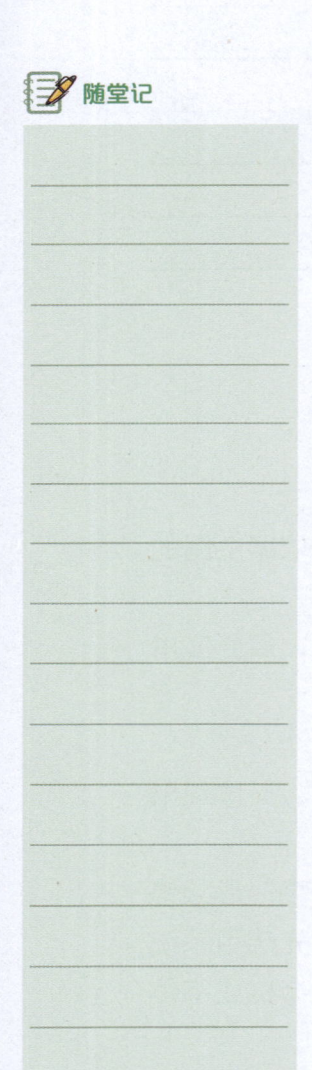

图3-15　添加杂色

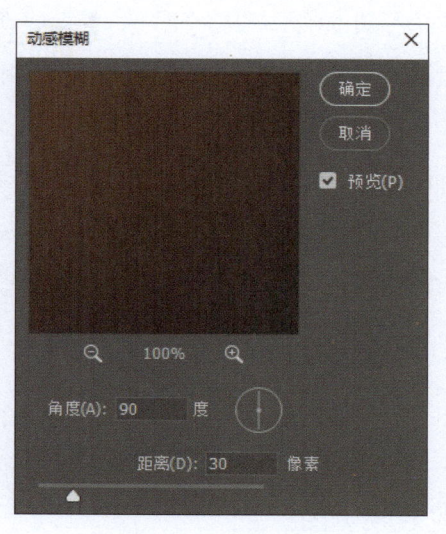

图3-16　动感模糊

小贴士

相同的渐变设置，拖动的长度、角度不同，都会影响最终的渐变效果。

（4）将当前图层上移至约100px处，再通过加深、减淡工具对明暗处分别加以调整，效果见图3-17。

（5）选择"直线"工具绘制直线，黑色填充，无描边，宽度为1px，并通过复制、排列与对齐等操作，完成图3-18效果。

（6）设置线条所在图层的混合模式为柔光，不透明度为30%，完成线条与背景的混合。图层设置见图3-19，效果见图3-20。

小技巧

滤镜是Photoshop中功能最丰富、效果最独特的工具之一，为图层添加渐变填充后，再与杂色、模糊等多种滤镜结合使用，可以做出不同的背景效果。

图3-17　加深、减淡后的效果

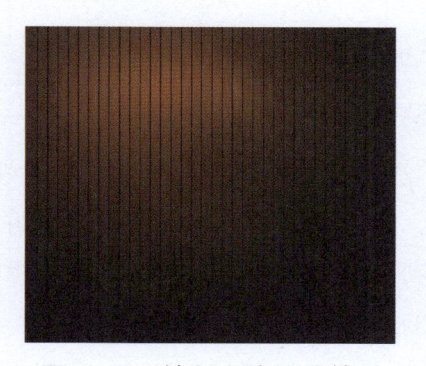

图3-18　绘制直线后的效果

随堂记

图3-19　混合模式及不透明度设置

图3-20　设置混合模式及不透明度后的效果

小贴士

利用加深工具对图像的某一部分进行涂抹，可以使被涂抹区域的亮度降低，图像变暗，减淡工具则相反。

Photoshop软件提供了许多可以直接应用于图层的混合模式，此模式决定图像中位于上面的图层像素如何与其下面的图层像素进行混合，以创建各种特殊效果。"柔光"模式则根据上层图像是否比50%的灰色亮而使图像变亮或变暗，这里的图像变亮。

4. 添加图片

打开素材文件001，将之复制到当前文件中，并调整至合适的大小，通过钢笔抠图，完成效果见图3-21。

5. "浓情中秋"制作

（1）依次输入文字"浓情中秋"，设为华康宋体W12(P)，倾斜，白色：#FFFFFF，浑厚，四个字的大小分别设为90点、73点、98点、90点。

图3-21　添加图片后的效果

（2）分别为文字添加相同的投影效果，设置混合模式为"正片叠底"，不透明度75%，角度90°，使用全局光，距离和大小为5px，其他取默认值。

小贴士

"浑厚"是消除文字的边缘锯齿的一种方法。消除锯齿的方法有五个选项，分别为"无"（不消除锯齿）、"锐利"（使文字边缘锐化）、"犀利"（消除锯齿，使文字边缘清晰）、"浑厚"（消除锯齿，文本变粗）和"平滑"（消除锯齿，产生平滑的效果）。

使用图层的样式，可以方便地在图层上制作出阴影、发光、浮雕及描边等各种效果，通过拷贝图层样式，可以为多个图层设置相同的样式效果，方便操作。

6. 修饰曲线的绘制

（1）利用"钢笔"工具绘制月亮形状的路径后，转换为选区，新建图层，填充黄色：#FFF67F。

（2）同理，用"钢笔"工具绘制其他路径，转换为选区，新建图层，填充白色，效果见图3-22。

图3-22 曲线形状绘制效果图

7．"美味挡不住"制作

（1）新建图层，绘制圆形选区，尺寸为40px×40px，填充红色：#e00414。

（2）通过复制、排列与对齐等操作，完成整体效果，见图3-23。

（3）输入文字"美味挡不住"，设为华康少女文字W5体、36点、白色、平滑，调整字间距为150，整体效果见图3-24。

图3-23 红色圆绘制效果图

图3-24 "美味挡不住"效果图

8．"无添加无防腐，纯手工制作"制作

（1）选择"直排文字"工具，输入文字"无添加无防腐，纯手工制作"，设为华康黑体、39点、黑色、平滑、仿粗体。

（2）为文字添加渐变叠加效果，角度为0°，其他参数取默认值，渐变编辑器参数设置见图3-25；各个渐变滑块的颜色自左向右分别为：#c3b791、#bca644、#ece9c8、#cdc489、dbd7aa。

（3）使用"矩形"工具绕文字绘制矩形路径，大小为120px×330px，输入路径文字"——————……"，设为华康少女、12点，颜色

> **小技巧**
> 对于月亮，还可以绘制两个大小不同的圆形选区，通过选区相减的方法得到所要的效果；通过绘制路径转换为选区后再填充颜色，可以帮助我们完成不规则图形的绘制。对于螺旋状曲线形状的绘制，还可以使用旋转扭曲滤镜来辅助完成。

> **随堂记**

为#fb9504，效果见图3-26。

图3-25 "渐变叠加"参数

图3-26 文字加边框效果

（4）制作完成，效果见图3-27。按组合键<Ctrl+S>保存文件，并按组合键<Ctrl+Shift+S>将文件保存为JPEG格式。

第三步 辅图设计思路分析

（1）辅图是对产品的相关信息做更详尽的展示，主要是对月饼的外观、种类及原材料等方面进行更清晰的展示。

图3-27 宝贝主图

（2）所提供的四幅辅图，仍然采用800px×800px大小。

（3）为了和主图相呼应，辅图的背景色也采用偏暗的色调。

第四步 辅图操作实施

设计师与客户沟通设计思路后形成可行的效果图，以下为操作步骤。

1．制作辅图1

（1）新建文件辅图1，设置大小为800px×800px，设置分辨率为72像素/英寸。

（2）置入素材文件002，并调整至合适的大小及位置。

（3）按组合键<Ctrl+S>保存文件，并按组合键<Ctrl+Shift+S>将文件保存为JPEG格式，效果见图3-28。

图3-28 宝贝辅图1

随堂记

小技巧

绘制路径后再输入路径文字，可以使文字按照路径排列，得到一些特殊的效果。

操作视频7：食品类辅图

2．制作辅图2

（1）新建文件辅图2，设置同辅图1。

（2）置入素材文件003，并调整至合适大小及位置。

（3）在当前图层下新建图层，填充线性渐变，滑块颜色分别选取所置入图形的上、下边缘的颜色：#161614、#48494d。

（4）为渐变填充图层设置"添加杂色"滤镜，数量2.45%、平均分布、单色，见图3-29。

（5）调整置入对象的大小至合适位置，通过图层蒙版处理图片边缘，图层效果见图3-30。

（6）按组合键<Ctrl+S>保存文件，并按组合键<Ctrl+Shift+S>将文件保存为JPEG格式，效果见图3-31。

图3-29　杂色滤镜参数设置

图3-30　蒙版图层效果

图3-31　宝贝辅图2

3．制作辅图3

（1）新建文件辅图3，设置同辅图1。

（2）置入素材文件004，并调整至合适大小及位置。

（3）在当前图层下新建图层，填充线性渐变，滑块颜色分别选取所置入图形的上、下边缘的颜色：#161614、#48494d。

（4）为渐变填充图层设置"添加杂色"滤镜，数量2.45%、平均分布、单色。

（5）调整置入对象的大小至合适位置，通过图层蒙版处理图片边缘。

（6）按组合键<Ctrl+S>保存文件，并按组合键<Ctrl+Shift+S>将文件保存为JPEG格式，效果见图3-32。

4．制作辅图4

（1）新建文件辅图4，设置同辅图1。

（2）置入素材文件005，并调整至合适的大小及位置。

（3）按组合键<Ctrl+S>保存文件，并按组合键<Ctrl+Shift+S>将文件保存为JPEG格式，效果见图3-33。

图3-32　宝贝辅图3　　　　图3-33　宝贝辅图4

举一反三

某食品网店推出新款瓜子，为了配合新品的上市，现需制作产品主辅图。设计师与客户沟通后得到需求信息，具体见表3-4。

表3-4　某食品网店客户需求信息

项目	客户反馈
主图内容	展示瓜子包装及瓜子颗粒
营造气氛	休闲小食，送礼佳品
产品卖点	颗颗饱满，粒粒醇香
主图尺寸	800px×800px
辅图尺寸	800px×800px
是否需要白底图	否

请根据以上客户需求信息，为该瓜子制作主辅图（客户提供的商品图见资源包）。

任务评价

评价项目	评价内容	评价方式		
		自我评价（30分）	小组评价（30分）	教师评价（40分）
职业素养 （分值占比50%）	能自觉遵守规章制度，出色完成工作任务			
	有团队合作意识，协作沟通能力强			
专业能力 （分值占比50%）	主辅图选片合理			
	主辅图构图准确			
	主图造型准确美观			
	主图配色得当			
	工具使用正确			
	评分合计			
综合评价：					

项目总结

宝贝主辅图通常都设计为正方形，主图尺寸为800px×800px，且大小不能超过3MB；700px×700px以上的图片上传后宝贝详情页会自动提供放大镜功能。

另外，如果想让宝贝出现在手机淘宝的首页，以获取更大的曝光率，就需要将上传的最后一张辅图设为白底图。在淘宝店铺上传高清正面商品主图后，系统可快速智能识别及填充商品信息，并智能选择发布类目，自动生成白底图。

项目四

Logo设计

项目简介

本项目重点围绕网店的Logo（标志）制作展开学习。Logo是公司品牌的形象标识，对于网店来说尤为重要。网上的品牌和店铺林林总总，如果想要给顾客留下深刻印象，就必须在Logo的设计中下点功夫，使Logo的视觉形象具有一定特点，通俗点说就是"好看""不太一样""有点意思"。通常设计师都会借用现有的素材和条件，在此基础上做一些改进和变化，就可以创建一个简单实用的Logo。

项目目标

- 能读懂客户反馈信息。
- 能根据客户反馈信息进行Logo的造型设计。
- 能使用现有字体改造成Logo。
- 能使用路径工具和形状工具绘制Logo矢量图。

任务一
服装网店Logo设计

任务介绍

"伊人服饰"是一个经营女性服装的网店，本任务是为该网店制作一个Logo。使用Photoshop中形状工具绘制图形，然后与文字相结合，最终形成造型新颖的Logo。在制作过程中需要用到形状绘制工具和形状编辑的方法，特别是钢笔工具中各个编辑工具的结合使用，将对形状起到很好的优化作用。

任务描述

"伊人服饰"网店即将开店营业，为了能够迅速传播品牌，树立品牌形象，现需制作网店Logo。设计师与客户沟通后得到以下需求信息：

信息	客户反馈
消费人群	18～40岁女性
服装风格	淑女，优雅
整体效果	简洁明了，易记易懂
配色	凸显女性的柔美
尺寸与质量	宽高在1000px以上，矢量绘制

动画微课5：Logo的作用与案例赏析

任务实施

Logo的表现形式多种多样，在造型方面主要有纯文字Logo（中文或英文）、纯图形Logo和图文结合Logo三种类型。在配色方面，一般选一个主色、一个点睛色、一个或者多个辅色。在设计的时候，要根据网店（公司或企业）的特点以及使用者的要求来构思造型和配色（见图4-1）。

图4-1　网店Logo

第一步　设计思路分析

设计师针对客户反馈信息表进行设计思路分析：

（1）Logo整体效果要求简洁明了，易记易懂，因此Logo图形可以直接采用"伊"的拼音首写字母"Y"作为造型基础，然后作变形处理，使图形与品牌名称产生密切的关联性。

（2）考虑强化识别和记忆因素，Logo主体采用图文相结合的形式，左侧为主形，是Logo的主要视觉识别区，右侧为文字，以加强辅助识别，这样整体就更容易记忆。

（3）Logo主体可以结合人形和花瓣的造型元素，体现灵动及女性的柔美感。

（4）根据配色要符合女性柔美特点的要求，主形可选择紫色系为主色，体现淑女的优雅感。

（5）根据尺寸要求，以及结合其他宣传用途的使用，画布尺寸设置为宽1920px，高1000px，并且使用矢量工具绘制以呈现高质量的绘图效果，以及方便后期修改。

（6）根据以上设计思路，可以用铅笔勾勒Logo造型的草图，然后在多个草图中选择最优方案，经过沟通与反馈，选择图4-2中的最后一个草图作为Logo原型。

图4-2　Logo草图

知识加油站

在构思设计的时候要有创新精神和版权意识，不能偷懒，更不能抄袭。在Logo构思的过程需要结合客户要求，抓住关键要素，例如简洁、柔美、优雅等比较抽象的表述，也可以结合女性形体等比较具体的形象，从而进行图形的重组与融合，并不断地提炼和优化，在众多的构思草图中选择最接近任务要求的造型。构思阶段需把更多时间花在推敲和对比上，以凸显Logo的内涵和价值。

第二步　操作实施

1. 安装字体"方正准圆简体"

将字体文件"方正准圆简体"复制并粘贴到电脑"C:\Windows\Fonts"文件夹目录下。

2. 新建文档

启动Photoshop软件，新建一个空白文档，在弹出的设置对话框中，选择"Web"菜单下的"大网页"类型，宽度参数为1920px，高度参数设置为1000px。

3. 把草图导入文档中

在"文件"菜单栏中执行"置入嵌入对象"，将草图导入到文档中，然后设置图层不透明度为20%，并锁定图层，见图4-3。

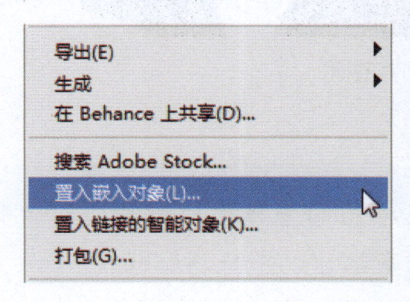

图4-3　导入草图文件

动画微课6：Logo设计要点

操作视频8：伊人服饰Logo制作

4. 绘制Logo主图形

（1）使用"钢笔工具"随着草图相应的轮廓绘制较大的"花瓣"图形，然后再使用"直接选择工具"调整曲线弧度，见图4-4。

图4-4 使用"钢笔工具"绘制图形

（2）继续使用"钢笔工具"绘制"小花瓣"图形，然后使用"直接选择工具"调整曲线弧度，见图4-5。

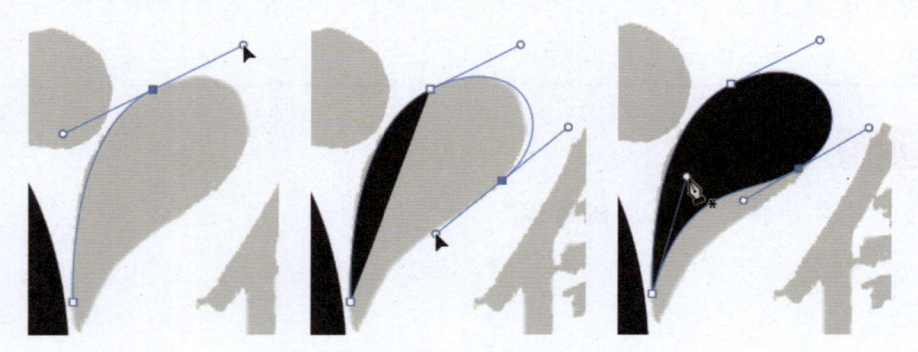

图4-5 绘制"小花瓣"图形

（3）选择"椭圆工具"然后按住键盘的<Shift>键绘制拖动鼠标左键创建圆点图形，注意位置和大小适中，见图4-6。

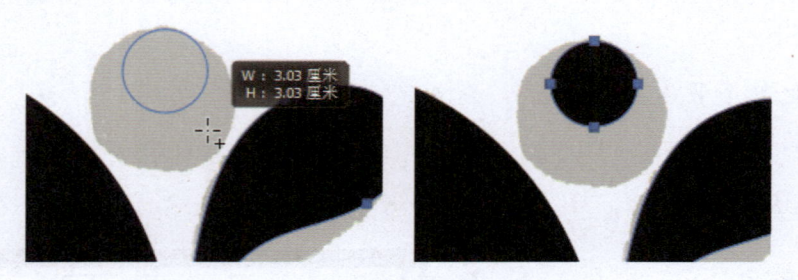

图4-6 绘制圆点图形

> **操作贴士**
>
> 钢笔工具操作可分为单击鼠标左键和按住鼠标左键并拖动操作，按住鼠标左键拖动一般会得到平滑的弧线效果，单击左键一般会得到直线、尖角的效果。绘制图形时可以从尖角开始，在适当位置创建锚点，一般两个锚点之间有比较大的弧度，这样创建出来的曲线会比较平滑。

> **小贴士**
>
> 在计算机绘制图形过程中，可以在草图的基础上对图形进行优化处理，例如对图形的大小、位置和外轮廓等都可以进行局部的优化。

5. 创建文字

（1）使用"文字工具"在相应的位置单击输入文字"伊人服饰"，然后在属性栏的字符和段落面板中设置字体为"方正准圆简体"，字号大小为400点，水平缩放为70%，字距调整为-50，见图4-7。

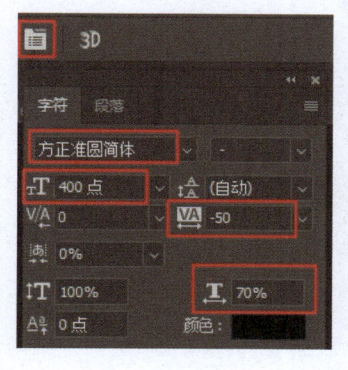

图4-7　创建文字并设置参数

（2）使用"矩形工具"在文字下方创建一条黑线，见图4-8。

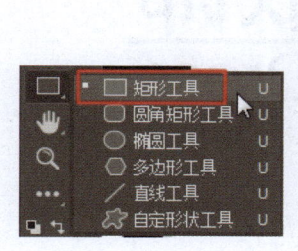

图4-8　创建黑线

（3）使用"文字工具"在黑线下方创建英文，然后在属性栏的字符和段落面板中设置字体为"方正准圆简体"，字号大小为200点，水平缩放为100%，字距调整为-25，见图4-9。

图4-9　创建英文并设置参数

（4）使用"移动工具"调整文字的位置，使文字与图形更紧凑，见图4-10。

图4-10　调整文字位置

6. 为图形填色

（1）在选择"矩形工具"的状态下，选中"花瓣"图形的图层，在属性栏中打开"填充"色板，选择"纯紫色"，见图4-11。

图4-11　为"花瓣"填充颜色

（2）同样方法，选中圆点图层，填充"纯洋红"，最终效果见图4-12。

图4-12　Logo最终效果

> **小技巧**
>
> 　　在日常生活中，色彩与心理暗示是息息相关的，在广告设计中更是如此。紫色系列象征着温馨、柔美、优雅，是设计女性服装图片时的常用色彩，而深紫色在柔美、优雅之余，还代表稳重、知性，符合该任务的要求。这里选用的"纯紫色"和"纯洋红"都能充分体现女性的柔美和优雅。

举一反三

运用前面所学的知识，制作"尚美女装服饰"Logo，见图4-13。

图4-13　尚美女装服饰Logo

任务评价

评价项目	评价内容	评价方式		
^^^	^^^	自我评价（30分）	小组评价（30分）	教师评价（40分）
职业素养（分值占比50%）	能自觉遵守规章制度，出色完成工作任务			
^^^	有团队合作意识，协作沟通能力强			
专业能力（分值占比50%）	Logo的清晰度			
^^^	Logo的造型和配色准确度			
^^^	工具使用准确度			
评分合计				
综合评价：				

任务二
食品类网店Logo设计

任务介绍

"英红一品"是一个专门经营英德红茶的网店，本任务是为该网店制作一个Logo。本次Logo设计将充分利用字体的基本造型，在此基础上对字体图形进行变形和组合，最终形成造型独特的Logo。在使用Photoshop制作的过程中用到形状绘制工具和形状编辑的方法，特别是钢笔工具中各种编辑工具的结合使用，是该任务Logo造型的主要技巧。

任务描述

"英红一品"茶叶网店正在做品牌推广营销，为了迅速树立品牌形象，增强宣传效应，扩大品牌影响力，现需制作网店Logo。设计师与客户沟通后得到以下需求信息：

信息	客户反馈
消费群体	各大茶楼、商务人士、品茶人士
主打风格	传统与现代相融合
整体效果	造型简约、美观，细节丰富
配色	体现茶叶的特性，整体协调
尺寸与质量	宽高在1000px以上，矢量绘制

任务实施

第一步　设计思路分析

设计师针对客户反馈信息表进行设计分析：

（1）Logo整体效果要求简约，因此可以采用品牌的中文字体"英红一品"作为基本形状，在此基础上进行变形和组合。

（2）在风格上要考虑传统与现代相融合，以及造型的美观性和细节的丰富性，可以将"红"字作繁体化的变形处理，体现传统中国风元素；同时对"品"字作简化的变形处理，让古今元素融于Logo图形中。

（3）在配色上，可以选择以茶色为主色、红色为点睛色，这样一看就能让人联想到茶叶的特性，整体配色既协调又富有变化。

（4）为了得到比较纤细匀称的字体笔画，可以选择"方正准圆简体"为Logo主形的字体。

（5）"英""红""一"三个字的笔画可以部分共用和重叠，使整体效果更加紧凑、连贯，也可以使字与字之间有一定错落感，避免呆板，增强Logo的美观性。

（6）为了方便其他宣传用途的使用，画布尺寸设置为宽1920px，高1200px，使用矢量类型的形状工具绘制。

（7）根据以上设计思路，可以用铅笔勾勒Logo造型的草图，然后在多个草图中选择最优方案，经过沟通与反馈，选择图4-14中的最后一个草图作为Logo原型。

图4-14　Logo草图

知识加油站

Logo设计的风格类型有很多，有抽象型、具象型、古风型、现代型等，不同的风格效果截然不同，给人的感受也不一样，要结合产品的特性和客户需求进行风格选定。每种风格都要找到一些代表性的元素融入Logo的造型中。

第二步　操作实施

1. 新建文档

启动Photoshop软件，新建一个空白文档，在弹出的设置对话框中，选择"Web"菜单下的"大网页"类型，宽度参数为1920px，高度参数设置为1200px。

2. 创建文字

（1）使用"文字工具"在文档中创建"英"字，选中文字，并在属性栏中设置字体为"方正准圆简体"，文字大小为500点，见图4-15。

图4-15　设置文字参数

（2）用同样的方法创建"红"和"品"字，再将三个字的位置和排列稍作调整，并使用"自由变换"工具适当调整高度，见图4-16。

3. 将文字转换为形状

在图层面板的"英"字图层上单击鼠标右键，在弹出的选项中选择"转换为形状"，见图4-17。

操作视频9：英红一品Logo制作

小技巧

汉字起源于象形文字，所以文字本身可以看作图形，而不同字体的文字就是风格各异的图形，所以汉字蕴含着丰富的文化内涵和象征意义。这里选用的"方正准圆简体"字体笔画纤细、匀称和简洁，比较适合"茶韵"的点。

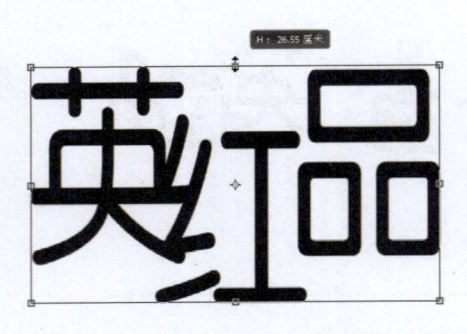

图4-16 调整三个字的位置　　　　图4-17 将文字转换为形状

4. 调整"英"字的部分笔画形状

（1）使用"直接选择工具"调整锚点位置，同时调整锚点的控制杆，将转角处的弧度调大一些，见图4-18。

图4-18 调整转角处的结构弧度

（2）使用"钢笔工具"删除多余锚点，再用"转换点工具"将笔画的圆角转为方角，见图4-19。

（3）调整"艹"字头的上端和下端锚点，选中锚点后，可使用键盘上的"↑"和"↓"进行微调，见图4-20。

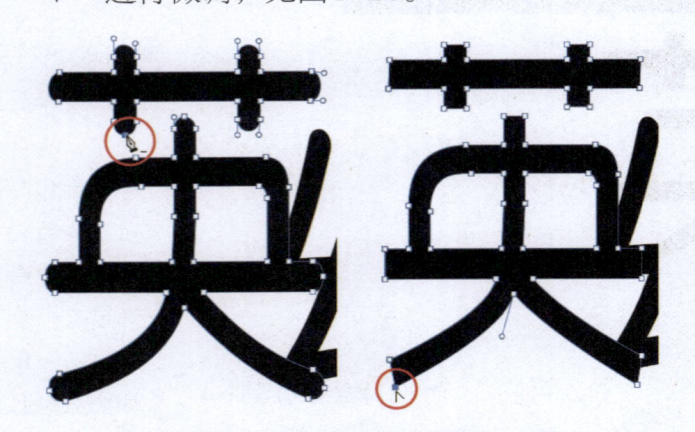

图4-19 将笔画的圆角处转为方角　　　　图4-20 调整"艹"字头锚点

（4）选中"英"字图层，选用"矩形工具"，在属性栏的"路径操作"中选择"减去顶层形状"，然后在"艹"结构中间创建宽度适中的矩形，在"路径操作"中选择"合并形状组件"，完成"艹"结构分离，见图4-21。

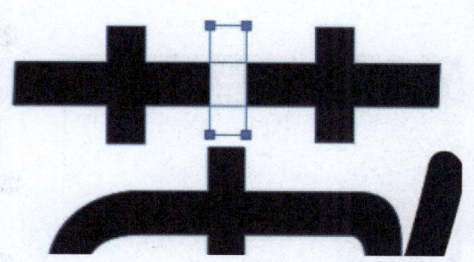

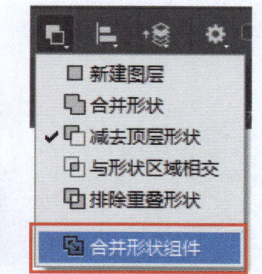

图4-21　将"艹"结构左右分离

5．调整"红"字的部分笔画形状

（1）将原有"纟"形状锚点删除，借助辅助线，使用"钢笔工具"绘制"纟"上半部分笔画图形，见图4-22。

（2）从"英"字的结构中延伸锚点，并借助辅助线对齐"纟"右端，然后调整"英"字一捺末端的锚点，见图4-23。

图4-22　用"钢笔工具"绘制图形　　　　图4-23　调整锚点

（3）使用"矩形工具"绘制"纟"下半部分，注意矩形大小应与其他笔画粗细保持一致，见图4-24。

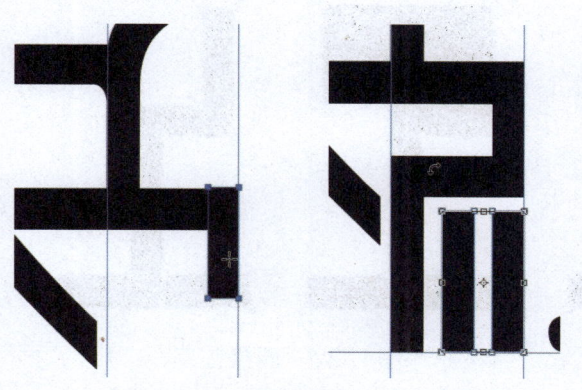

图4-24　用矩形工具绘制"纟"下半部分图形

（4）选中"英"与"纟"的相应图层，单击鼠标右键选择"合并图层"，然后在选用"矩形工具"的状态下，在属性栏的"路径操作"中选择"合并形状组件"，将"英"图形与"纟"图形合并，见图4-25。

触类旁通

"路径操作"在本任务中使用较多,大家可以了解"路径操作"里的其他形状组合形式,反复操作,达到触类旁通。

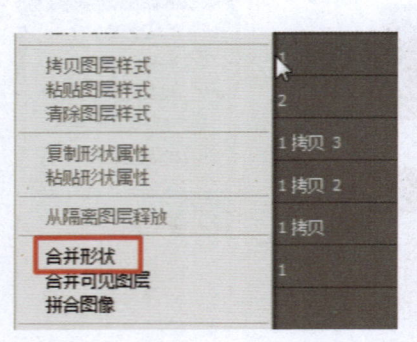

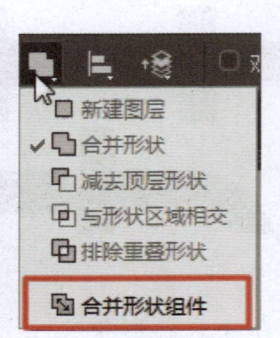

图4-25 合并共用部分图形

(5)使用"钢笔工具"删除圆角上的锚点,用"转换点工具"将"工"部分的圆角转为方角,见图4-26。

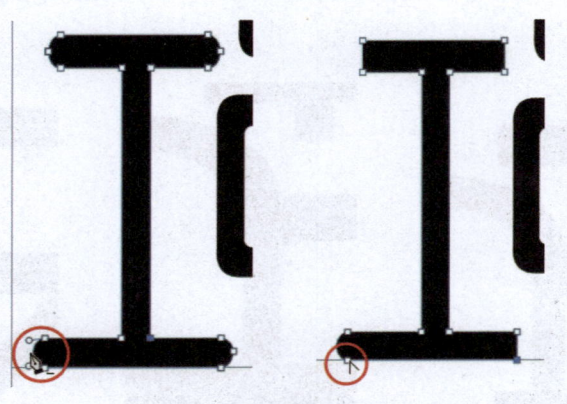

图4-26 将圆角转换为方角

(6)使用"直接选择工具"调整"工"图形的锚点,使造型有一定变化,见图4-27。

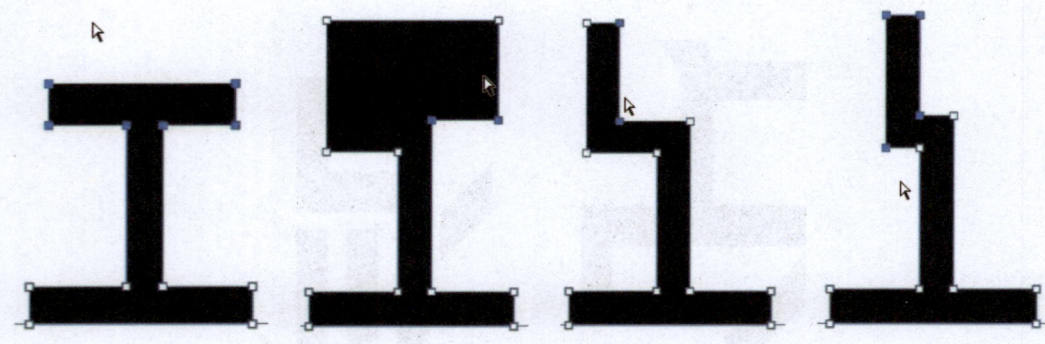

图4-27 调整锚点

6. 绘制"一"字图形

(1)使用"矩形工具"在"工"的上方创建一个矩形,用"直接选择工具"调整左上角和右下角锚点,见图4-28。

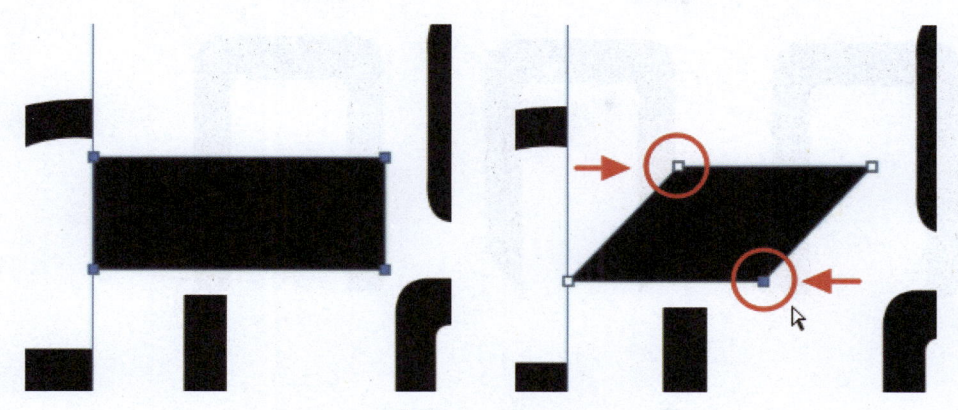

图4-28 创建矩形

（2）用"弯度钢笔工具"在斜线中间点击并拖动，使左上角和右下角变成圆角，见图4-29。

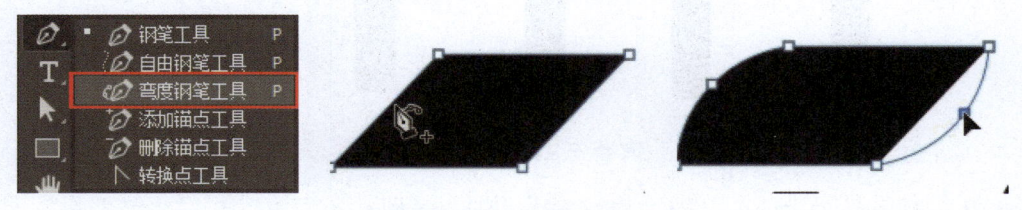

图4-29 调整圆角

7. 将"品"字笔画作变形处理

（1）先将"品"字图层转换成形状。

（2）选中"品"字图层，选用"矩形工具"，在属性栏的"路径操作"中选择"减去顶层形状"，然后在右下角的"口"下面创建宽度适中的矩形，在"路径操作"中选择"合并形状组件"，见图4-30。

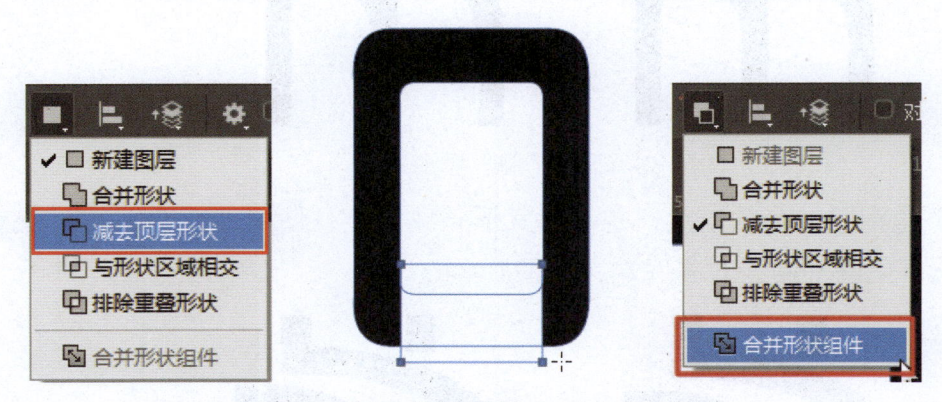

图4-30 使用"路径操作"减去部分形状

（3）用"钢笔工具"删除多余锚点，再用"转换点工具"将圆角转换成方角，并对齐锚点，见图4-31。

（4）使用"钢笔工具"删除多余锚点，并用"转换点工具"将右上角转成方角，再将左上角的圆角弧度加大，见图4-32。

图4-31 对齐下端锚点

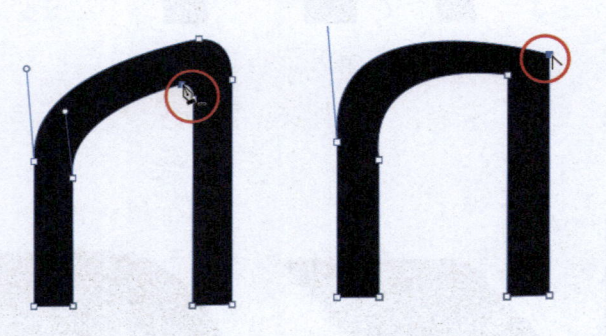

图4-32 调整左上角弧度

（5）将左侧和上方的锚点删除，然后将"品"图层复制两次，使用"移动工具"调整其位置，并调整上方图形的锚点，见图4-33。

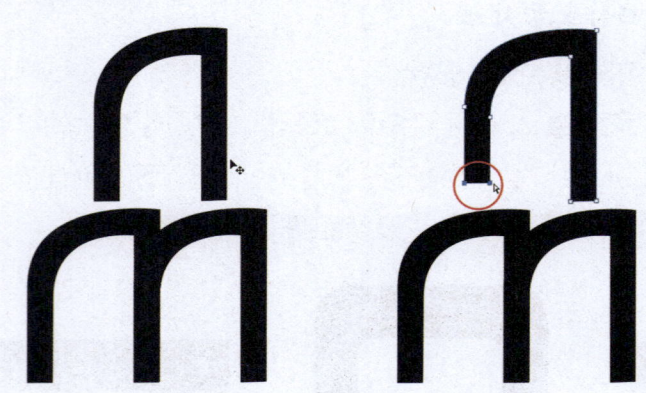

图4-33 调整"品"图形

（6）删除左下角图形多余的锚点，并调整其形状和弧度，使用"矩形工具"在左下端创建一个矩形，可借助辅助线对齐底端，见图4-34。

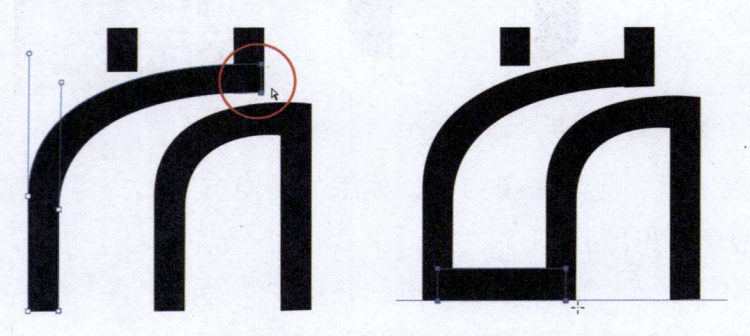

图4-34 调整左边图形弧度并创建矩形

（7）选择"品"字图形的所有图层，单击鼠标右键，选择"合并形状"，然后在属性栏的"路径操作"中选择"合并形状组件"，见图4-35。

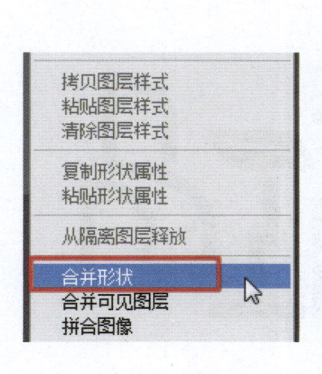

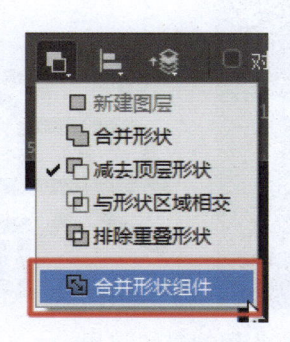

图4-35　合并形状

8．绘制叶脉

选择"一"图层，选择"钢笔工具"，在属性栏的"路径操作"中选择"减去顶层形状"，接着在"一"图形内绘制叶脉形状，然后在属性栏的"路径操作"中选择"合并形状组件"，见图4-36。

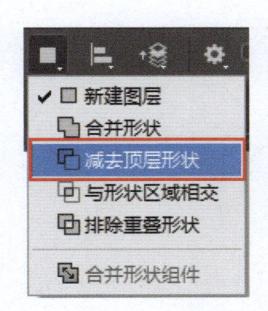

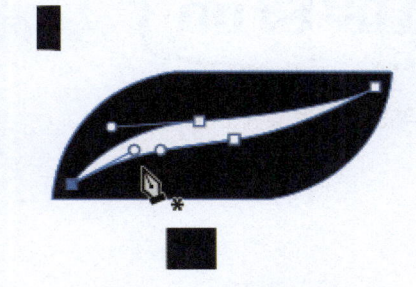

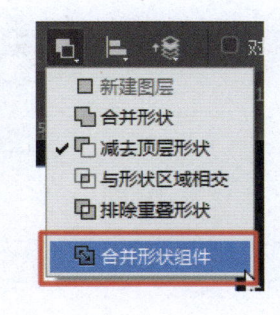

图4-36　绘制叶脉

9．为Logo图形填色

（1）首先为各图层重新命名，然后调整各部分图形位置的效果见图4-37。

图4-37　调整图形位置

（2）选中所有图层，在属性栏中设置颜色为黑冷褐色，选中"一"字图层，设置颜色为黑红色，见图4-38。

图4-38　填色后的最终效果

举一反三

运用前面所学的知识，制作"益群食品"Logo，见图4-39。

图4-39　益群食品Logo

任务评价

评价项目	评价内容	评价方式		
^	^	自我评价（30分）	小组评价（30分）	教师评价（40分）
职业素养 （分值占比50%）	能自觉遵守规章制度，出色完成工作任务			
^	有团队合作意识，协作沟通能力强			
专业能力 （分值占比50%）	Logo的清晰度			
^	Logo的造型和配色准确度			
^	工具使用准确度			
	评分合计			
综合评价：				

项目总结

对于网店而言，好的Logo不仅代表着店铺的风格及产品的特性，同时还起到宣传的作用。在制作的过程中，应注意以下原则：

（1）注意店标的尺寸。淘宝网建议店标尺寸为100px×100px，但在实际中可根据网店特性进行设计。

（2）店标的设计一定要针对目标人群。主题可以通过花、鸟、人物、已有字体、卡通漫画等来表现。

（3）颜色搭配要符合网店经营的项目或宝贝特征。

项目五
店招及导航栏设计与制作

项目简介

本项目重点围绕网店的店招及导航栏设计展开学习。店招就是店铺的招牌,也是网店的品牌定位最直观的体现,是店铺给人的第一印象。鲜明而有特色的店招不仅能吸引用户的眼球,带来订单,而且能起到品牌宣传的作用。店招在设计的时候必须注意做到核心信息告知,引起并放大消费者的购物欲望。本项目主要学习网店店招及导航栏的制作方法及设计技巧等内容。

项目目标

- 能读懂客户需求信息。
- 学会常见网店店招模板设计技巧及方法。
- 能根据客户需求信息进行店招及导航栏设计。
- 能使用"文字""形状""通道"和"蒙版"等工具制作店招及导航栏。

任务一
服装类网店店招及导航栏设计与制作

任务介绍

本任务是为一家经营知性女装的网店设计店招及导航栏。通过利用合理的颜色搭配及构图技巧给消费者良好的第一印象,吸引消费者的眼球;同时在设计制作过程中需要充分考虑店铺的整体装修情况及产品的特点,结合店铺核心信息,丰富画面,增添细节,激发消费者的购买欲望。

任务描述

"俪人装"服装网店即将迎来夏季促销活动,现要求为其网店设计符合活动主题的店招。要求:①突出店铺品牌特色及活动信息;②配色符合优雅、浪漫的女装特点;

③布局简洁大方，要与整个页面的风格、色彩统一。同时，设计师与客户沟通后得到一些具体需求信息，见表5-1。

表5-1 "俪人装"服装网店客户需求信息

项目	客户反馈
消费人群	25～35岁女青年
服装风格	柔和、优雅、浪漫
关键信息	新品、特价、59元起
广告版面	突出产品和关键信息
店招尺寸	宽为950px，高为120px
导航栏尺寸	宽为950px，高为30px
文案	简短，能激发购买欲望

任务实施

小雪是一名电子商务专业的学生，为完成此任务，小雪了解到：网店店招应包含店铺名、店铺Logo、店铺收藏按钮、关注按钮、促销产品、优惠券、活动信息/时间/倒计时、搜索框、店铺公告、网址等内容，可根据网店的具体情况进行内容设计安排，做到核心信息告知，激发买家的购买欲望。

导航栏可以方便卖家从一个页面跳转到另一个页面，查看店铺的各类商品及信息，见图5-1。因此，有条理的导航栏能够保证更多页面被访问，使店铺中更多的商品信息、活动信息被买家发现。尤其是买家从宝贝详情进入到其他页面时，如果缺乏导航栏的指引，将极大影响店铺转化率。

图5-1 网店店招及导航栏

第一步 设计思路分析

设计师针对客户需求信息进行设计思路分析：

（1）网店店招应以网店品牌为主，结合店铺的经营类目、店铺活动信息及总体特色等几个方面进行设计，体现简约但不简单的风格，给顾客留下深刻的品牌印象，激发顾客的购买欲望。店招与导航栏模块布局见图5-2。

图5-2　店招与导航栏模块布局

（2）整体构图以文字搭配图像，背景选取柔和优雅的鲜花图案为装饰，并根据配色应符合优雅、浪漫的女装特点的要求，字体选择白色、紫色为主色，以体现知性的稳重感，同时用红色突出活动信息，激发买家购买欲望。

（3）清晰明了的导航栏，会把流量合理地分配给主推的页面或商品页面，引导用户找到合适的产品。

（4）新品、特价力度是消费者的关注点，因此在店招中应加入这些文案。

知识加油站

店招的价值

（1）店招是整店的黄金展示位，是店铺给予买家的第一印象。

（2）核心信息告知。把店铺的优势呈现出来，比如价格优势、服务优势、商品优势、促销活动，也可以是店招推单品、推各个专区等。

（3）激发买家的购物欲望。

试一试

依据"俪人装"网店的品牌形象定位及消费人群特点，看图5-3中哪项作为店招的装饰素材更合适，并说出理由。

图5-3　店招装饰素材选择

第二步 操作实施

设计师与客户沟通设计思路后形成可行的实施方案，以下为操作步骤。

1. 网店店招的设计

（1）启动Photoshop CC2018，新建一个950px×150px的空白文档，名称为"服装网店及店招"，背景填充白色，调出标尺并新建及锁定参考线在水平120px的位置，见图5-4。

图5-4　新建文件及参考线

（2）打开"网店服装Logo.jpg"及"装饰1"素材图像文件，将其移动到图像上，对图像进行调整，效果见图5-5。

图5-5　店招背景制作

（3）新建图层，使用工具箱中的"矩形"工具，绘制矩形选区，并填充颜色：#510228，选择"文字"工具，输入文字，效果见图5-6。

图5-6　制作店铺活动

（4）新建图层，使用工具箱中的"圆角矩形"工具，绘制如图5-7所示图形选区，填充颜色：#99171d，效果见图5-7。

图5-7　添加关注效果

操作视频10：服装类网店店招及导航栏设计与制作

2. 网店导航栏的设计

（1）新建图层，根据参考线，绘制一个矩形选区，填充颜色：#d4bcd6，选用"椭圆"工具并按住<shift>键，绘制正圆，输入文字，效果见图5-8。

图5-8 导航栏

（2）新建图层绘制矩形选区，并填充颜色：#96539a，使用"文字"工具输入文字，绘制正圆，效果见图5-9。

图5-9 店招及导航效果图

举一反三

"彼岸花"是一家知名的服装网店，主营各种时尚女装，款式新颖时尚，价格也实惠。现在公司想为自己的网店制作一个精美大方的店招，让进店的用户能第一时间留下良好的印象并即时了解店里的相关优惠促销活动信息。客户具体要求见表5-2。

表5-2 "彼岸花"服装网店客户需求信息

项目	客户反馈
消费人群	25～35岁女青年
服装风格	时尚、干练
关键信息	买2得3，秋冬新风尚活动时间为8月27～28日；系列新品8月27日尝鲜价79元起
广告版面	突出店标和关键信息
店招尺寸	宽为950px，高为120px
导航栏尺寸	宽为950px，高为30px
内容要求	包含店铺标志、店铺活动、收藏模块、分销招募、会员中心、导航栏等设计

你能否运用前面所学知识帮小雪完成这个任务呢（客户提供的商品图见资源包）？

任务评价

评价项目	评价内容	评价方式		
		自我评价（30分）	小组评价（30分）	教师评价（40分）
职业素养 （分值占比50%）	能自觉遵守规章制度，出色完成工作任务			
	有团队合作意识，协作沟通能力强			
专业能力 （分值占比50%）	图片清晰			
	色彩搭配和谐			
	内容排版合理			
	评分合计			

综合评价：

任务二
食品类网店店招及导航栏设计与制作

任务介绍

本任务是为一家进口零食商城设计制作网店店招及导航栏。在了解食品类产品的特性，清楚版面颜色的正确运用，店招及导航栏字体、构图排版和方案设计要求的基础上，要求在制作过程中熟练使用"文字""形状""橡皮擦""滤镜命令""图层样式"等工具。

任务描述

"食尚物语"是一家专营进口零食的商城，因商城发展，即将开设网店，为了能够树立品牌形象，现要求为其设计店招。要求：①配色符合零食店特点；②突出网店优势，再结合店铺的主题风格，进行相应的设计。设计师与客户沟通后得到具体需求信息，见表5-3。

表5-3 "食尚物语"网店客户需求信息

项目	客户反馈
消费人群	15～35岁青少年
食品定位	进口产品、快捷配送、贴心服务
关键信息	要求树立品牌形象、体现食品安全
广告版面	突出品牌和关键信息
店招尺寸	宽为950px，高为120px
导航栏尺寸	宽为950px，高为30px
文案	简短，能体现网店特点

任务实施

对于食品来说，生鲜水果类的产品店铺适合使用绿色，绿色表现出新鲜、环保、有机等形象；零食类产品适合采用一些可以调动人食欲的色彩，比如红、橙、黄等。

促销的季节，淘宝上的店铺都是统一的基调，暖色的使用贯穿了各家网店装修的始终。为什么促销时店铺装修喜欢用暖色？其一，暖色系对人眼球的吸引效果会好些；其二，暖色对购买欲的提升会更有优势。所以，在促销活动中，暖色系会被大量使用。另外，暖色系对人的情感、情绪的刺激，会更加有效。基于这些因素，大多数网上的促销模版都以暖色系为主。

第一步 设计思路分析

设计师针对客户需求信息进行设计思路分析：

（1）网店店招整体选用暖色色调吸引买家的眼球，提高情感、情绪的刺激，提升购买欲。店招与导航栏模块布局见图5-10。

品牌Logo展示区	服务信息展示区
导 航 栏		

图5-10 店招与导航栏模块布局

（2）对网店店名进行字体效果处理，吸引眼球，加深买家对网店的印象，树立品牌形象。

（3）使用图形与文字结合强化网店服务在物流、质量、服务方面的优势，更易让买家记住，提升好感，起到品牌宣传的作用。

（4）清晰明了的导航栏，把流量合理地分配给主推的页面或商品页面，引导用户找到合适的产品。

第二步 操作实施

设计师与客户沟通设计思路后形成可行的实施方案,以下为操作步骤。

1. 网店店招的制作

(1)启动Photoshop软件,新建一个950px×150px的空白文档,名称为"食品类网店及店招",背景填充白色,调出标尺并新建及锁定参考线在水平120px的位置,使用工具箱中的"矩形"工具,绘制一个矩形选区,并填充颜色:#f6c6b7,效果见图5-11。

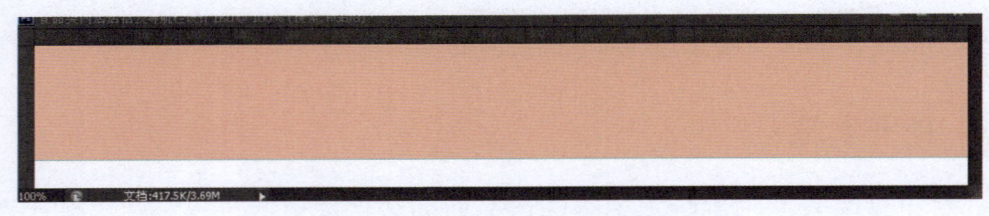

图5-11 新建文件及参考线

(2)新建图层,使用工具箱中的"矩形"工具,绘制一个矩形选区,并填充颜色:#e84e46,使用工具箱中的"橡皮擦"工具,设置画笔如图5-12所示,按住<shift>键从左向右拖动,效果见图5-13。

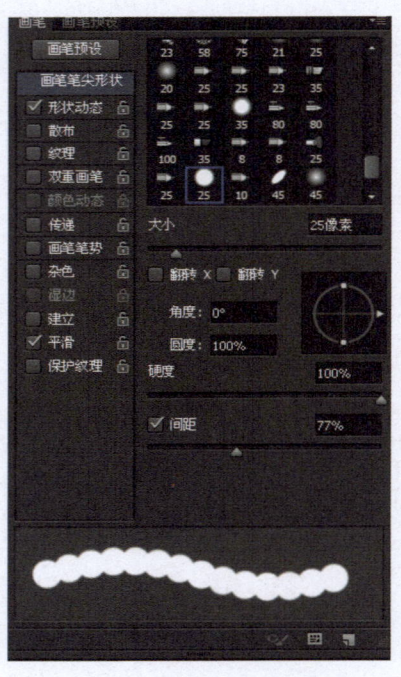

图5-12 橡皮擦画笔设置

图5-13 使用橡皮擦后的效果

（3）新建图层，选择工具，按住<shift>键绘制正圆，并使用"自选图形"工具绘制心形，效果见图5-14。

图5-14　图形绘制效果

（4）选择"文字"工具，设置字体为汉仪琥珀简，输入文字"食尚物语进口零食商城"，栅格化文字，按住组合键<Ctrl+T>调整至合适大小，选择菜单命令"滤镜"→"杂色"→"添加杂色"，设置属性见图5-15，效果见图5-16。

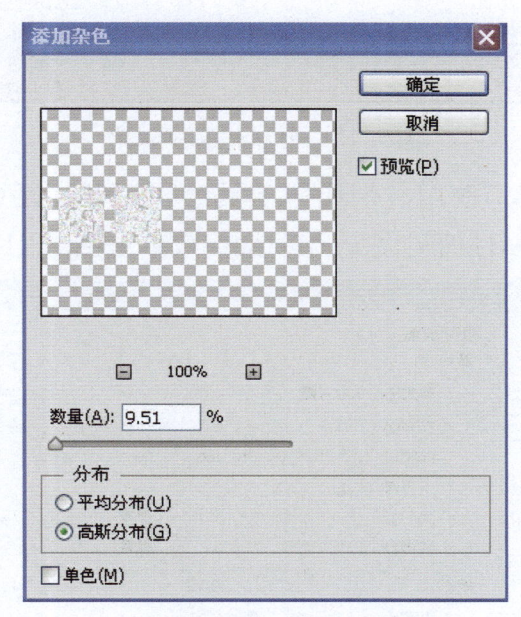

图5-15　杂色设置

图5-16　文字滤镜效果

（5）新建图层，使用"自选图形"工具，分别绘制以下图形，使用"文字"工具输入文字，效果见图5-17。

图5-17　输入文字效果

（6）打开"零食车"素材图像文件，将其移动到图像上，对图像进行调整，效果见图5-18。

图5-18　添加素材效果

2. 网店导航栏的制作

（1）新建图层，根据参考线，绘制一个矩形选区，填充颜色：#e84e46，并使用"文字"工具输入文字，效果见图5-19。

图5-19　导航栏文字效果

（2）新建图层，使用"矩形"工具绘制矩形，设置"图层样式"→"斜面和浮雕"，属性值见图5-20，最终效果见图5-21。

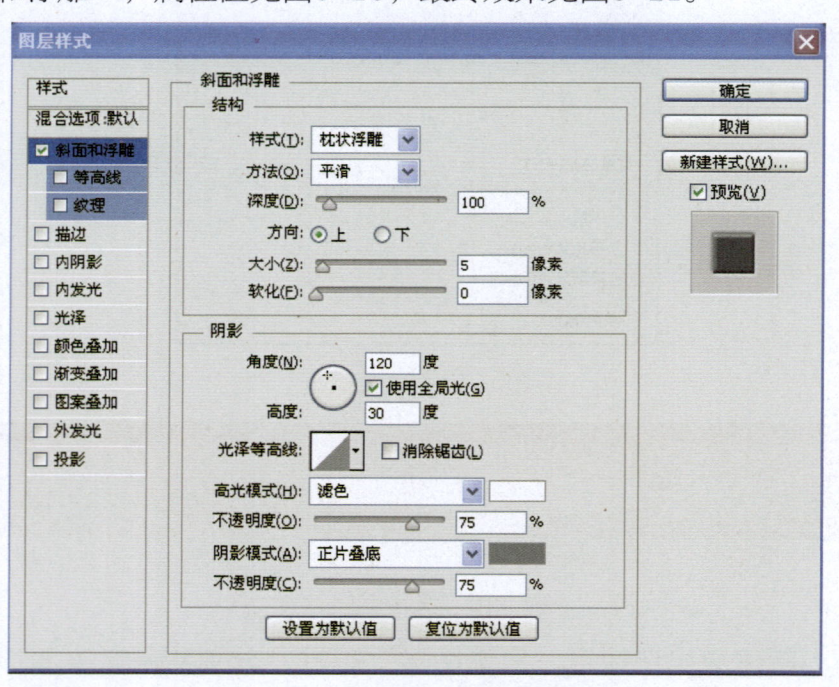

图5-20　图层样式设置

图5-21　最终效果

举一反三

小雪新开了一家网店"口口香",主营各种类型的零食。现在小雪想为自己的网店制作一张精美大方的店招,给进店的顾客第一时间留下良好的印象,让其即时了解店里的相关优惠促销活动信息。具体要求见表5-4。

表5-4 "口口香"网店客户需求信息

项目	客户反馈
消费人群	15~35岁青少年
关键信息	热卖商品促销价28元,满100元减20元
广告版面	突出店标和关键信息
店招尺寸	宽为950px,高为120px
导航栏尺寸	宽为950px,高为30px
内容要求	包含店铺标志、产品信息、促销信息、店铺活动、收藏模块、导航栏等设计

你能否帮小雪完成这个任务呢(客户提供的商品图见资源包)?

任务评价

评价项目	评价内容	评价方式			
		自我评价(30分)	小组评价(30分)	教师评价(40分)
职业素养 (分值占比50%)	能自觉遵守规章制度,出色完成工作任务			
	有团队合作意识,协作沟通能力强			
专业能力 (分值占比50%)	图片清晰			
	色彩搭配和谐			
	内容排版合理			
	评分合计			
综合评价:				

项目总结

对于网店而言,店招及导航栏代表着店铺形象,不仅能传达店铺核心信息,同时还能起到宣传的作用。在制作的过程中,应注意以下原则:

(1)注意店招及导航栏的尺寸,淘宝网店招尺寸通常为950px×150px(包含导航栏)、950px×120px(不含导航栏),在实际中可根据网店需要进行适当调整。

(2)店招的设计一定要保证店名醒目,设计吸引人,经营的产品一目了然和店铺整体风格一致。

(3)导航栏清晰明了,体现合理的流量分配,能够引导买家找到合适的商品。

项目六

Banner广告及商品分类区设计与制作

项目简介

本项目重点围绕网店的Banner广告及商品分类区的设计制作展开学习。Banner广告是网店最为突出的宣传和展示载体，是吸引消费者眼球和传达网店产品信息的重要视觉传播途径，Banner广告一般是指横向的横幅广告。商品分类区让买家以最便捷的方式找到自己想买的物品，是网店装修重要的组成部分。本项目将为服装和食品种类网店制作Banner广告及商品分类区，这两种产品类型在网店中具有一定的普遍性和代表性。

项目目标

- 能读懂客户需求信息。
- 能根据客户需求信息进行广告版面及商品分类区设计。
- 能结合广告内容和客户需求信息提炼出广告语、促销分类等文案。
- 会使用"形状"工具绘制辅助图形。

任务一 服装网店Banner广告设计与制作

任务介绍

本任务是为新款服装制作Banner广告，在制作过程中主要用到大量的形状绘制工具和颜色填充的方法，使用图层样式丰富画面、增添细节。

任务描述

某服装网店在换季阶段将发售新款连衣裙，为了配合新品的上市，现需制作网店Banner广告以扩大宣传和推广。设计师与客户沟通后得到以下需求信息，见表6-1。

表6-1　某服装网店客户需求信息

项目	客户反馈
消费人群	25~35岁青年女性
服装风格	柔和、优雅、浪漫
关键信息	新品、特价、6折起
广告版面	突出产品和关键信息
Banner广告尺寸	宽为1920px，高为600px
广告文案	简短，有季节特点，能引起共鸣

同时，客户提供了部分商品素材。

任务实施

广告是一种很古老的宣传和推广手段。Banner广告是网店最为突出的宣传和展示载体，见图6-1。

图6-1　Banner广告

第一步　服装网店Banner广告设计思路分析

设计师针对客户需求信息进行设计思路分析：

（1）广告版面突出新品，因此背景比较简单，广告语字号大，对比较强，产品图采用不同角度、大小相结合加强效果。

（2）根据消费人群及产品的风格特点，在背景配色上倾向于优雅、浪漫的风格，选择紫色为背景主色，从中心到四周呈浅深渐变过渡，既统一又富有变化。

（3）在单一的背景上添加少许的装饰图案，以蝴蝶、叶子图形为辅助，起到协调和装饰画面的作用；热气球的装饰灵感主要来源于服装本身的图案特点。

（4）在广告口号上，根据简短、季节的要求，最终选用"秋装新品 引领潮流"，这样能引起消费者对潮流的憧憬，从而激发其购买欲望。

（5）新品、特价、打折是消费者的关注点，因此在广告中应加入这些文案。

第二步 Banner广告操作实施

设计师与客户沟通设计思路后形成可行的实施方案，以下为操作步骤。

1. 新建文档

启动Photoshop软件，单击"文件"→"新建"，创建一个空白文档，在弹出的"参数设置"对话框中，将宽、高的单位设置为px，设置宽为1920，高为600。

2. 填充背景

选用"渐变填充"工具，设置好渐变颜色后在属性栏上选择"径向渐变"，从中间往四周拖曳，见图6-2。

图6-2 填充径向渐变颜色

3. 绘制拼贴图形

（1）选择"自定形状"工具，在属性栏上选中"拼贴4"，见图6-3。

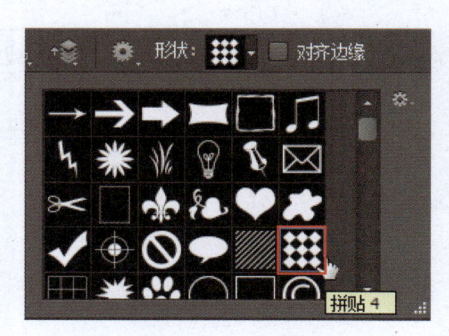

图6-3 选择"拼贴4"形状

> **知识加油站**
>
> 通常，网店首页导航栏下面是广告的位置，俗称Banner广告。Banner是整个页面最抢眼、最醒目的位置和区域，因此其广告内容比较重要且丰富，设计制作上比较费心思。

> **试一试**
>
> 请根据本任务广告语"简短而引起共鸣"的要求，构思3句广告语。

操作视频13：服装Banner广告设计制作

> **小贴士**
>
> Photoshop软件的"自定形状"工具除了可以绘制基本的几何形状和不规则形状外，还自带多种类型的预设形状，如动物、自然、符号、拼贴等，可以满足装饰图形的基本需求。

（2）在画面左侧上，按住<shift>键绘制"拼贴4"形状，效果见图6-4。

图6-4 绘制"拼贴4"形状

（3）设置形状的填充属性，渐变色为白色到白色，其他设置见图6-5。

图6-5 绘制"拼贴4"形状的其他设置

（4）打开图层混合选项（图层样式），设置内阴影参数，见图6-6。

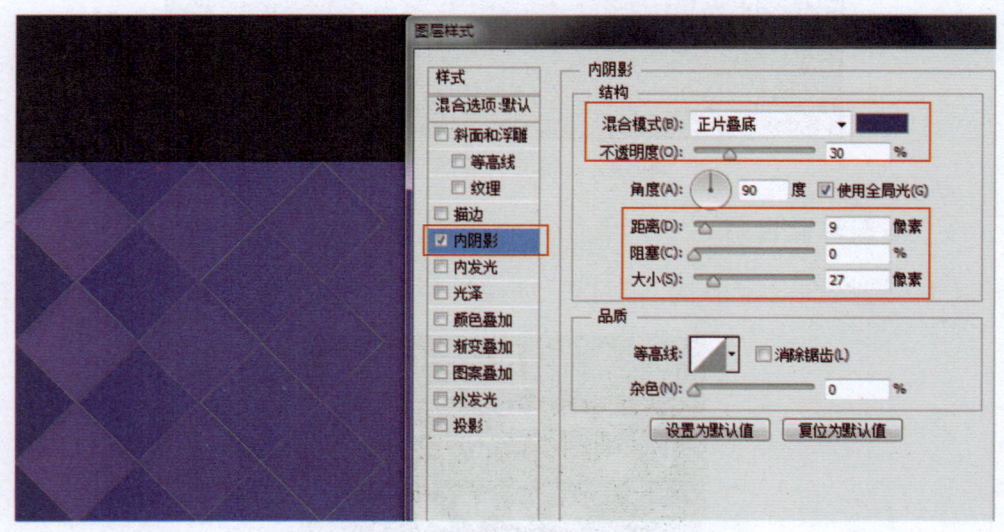

图6-6 设置内阴影参数

（5）复制形状，垂直翻转到右侧，同时选中"反向渐变颜色"，见图6-7。

图6-7　复制形状并选中"反向渐变颜色"

4. 绘制其他图案

（1）选择"自定形状"工具，打开形状拾色器，单击右上角选项打开下拉菜单选中"自然"类型并追加，然后在形状列表中选中"三叶草"，在画面右下角绘制，见图6-8。

图6-8　绘制"三叶草"图案

（2）设置形状的填充方式，选择渐变，设置右侧不透明度为0，左侧不透明度为43，左侧颜色为紫色，右侧为白色，旋转渐变为90°，见图6-9。

图6-9　设置填充方式

（3）使用同样的方法，绘制"蝴蝶"形状，见图6-10。
（4）将素材"热气球"拖到画面中，左右侧各放一个，适当将右

操作贴士

"自定形状"工具的拾色器在默认情况下只有小部分形状，如果没有找到想要的形状就要在右上角的下拉菜单中找到并追加到形状列表中。

随堂记

侧的缩小，见图6-11。

图6-10　绘制"蝴蝶"图案

图6-11　摆放"热气球"素材

触类旁通

使用步骤4中（1）～（2）的方法，可以得到类似效果。绘制形状、设置渐变颜色和透明度是本案例中多次使用的方法，要反复操作，达到熟练运用的程度。注意，每个图案的大小和颜色应稍作区别。

5. 导入人物素材

（1）打开"模特1"素材，将人物抠出，使用"移动"工具将模特图像拖到广告画面中，摆放位置和大小见图6-12。

图6-12　模特的摆放

（2）选中模特图层，打开图层样式，设置见图6-13。

小技巧

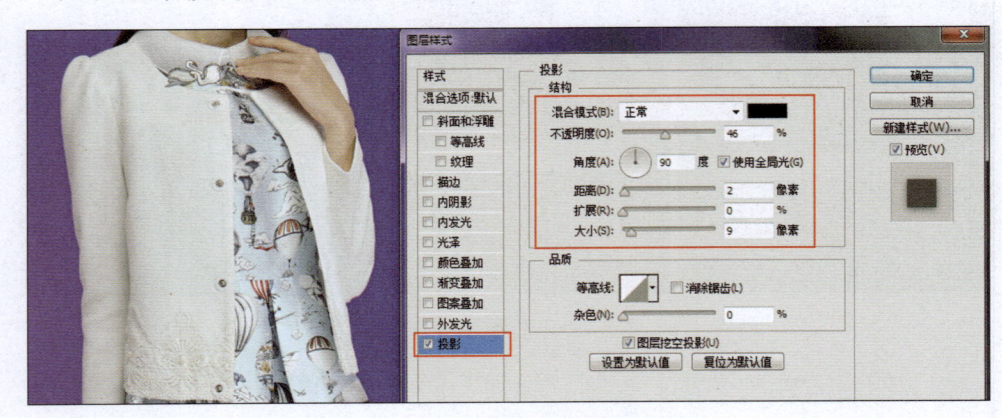

抠像是美工人员的基本能力，通常会用到矩形系列工具、套索系列工具、魔棒系列工具及"钢笔"工具。要根据不同对象和情况灵活选择抠像方式，本例的模特素材背景颜色单纯，因此使用"魔棒"工具就可以达到很好的效果。

图6-13　设置投影

（3）使用同样方法，将"模特2"抠出放到广告画面中，见图6-14。

图6-14　导入"模特2"素材

6．输入广告语

（1）使用"文字"工具，在两个模特之间横向输入"秋装新品　引领潮流"广告语，分上下两行错位排版，颜色设置为白色，字体为黑体，字号为72点，见图6-15。

（2）使用"钢笔"工具绘制飘带形状作为广告语文字的辅助图形，见图6-16。

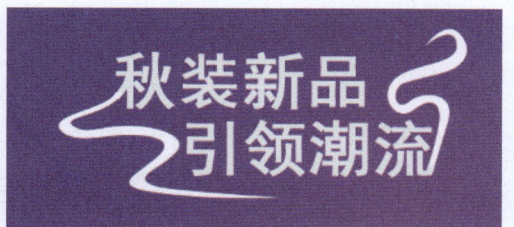

图6-15　输入广告语　　　　图6-16　用"钢笔"工具绘制飘带形状

（3）选中左边飘带图层，选择"形状"工具，设置渐变填充的参数，见图6-17。

图6-17　左边飘带的渐变填充

（4）使用同样的方法设置右边飘带的渐变参数，效果见图6-18。

图6-18　右边飘带的渐变填充

7．其他文案制作

（1）在广告语左下角绘制一个白色的正圆形状，并在上面输入"2024新品"字样，字体为黑体，大小适中，颜色为紫色，见图6-19。

（2）使用同样方法，制作"特价包邮"和"抢先收藏"文字内容，见图6-20。

图6-19　绘制圆形并输入文字 　　　　图6-20　绘制相应形状并输入文字

（3）在广告语下方分别输入数字"6"和"折起"字样（字体为黑体，颜色为湖蓝），以及"秋装连衣裙　优惠大放送"字样（字体为黑体，颜色为白色），见图6-21。

图6-21　输入文案

（4）Banner广告最终效果见图6-22。

图6-22　Banner广告最终效果

举一反三

"时裳馆"服装网店在换季阶段将推出新品上衣，为了配合新品的上市，现需制作网店Banner广告以扩大宣传和推广。设计师与客户沟通后得到以下需求信息，见表6-2。

表6-2 "时裳馆"服装网店客户需求信息

项目	客户反馈
消费人群	18～30岁女性
服装风格	个性、新潮、时尚
关键信息	新品、潮爆
广告版面	简洁、突出产品和关键信息
Banner广告尺寸	宽为1920px，高为600px
广告文案	简短，有消费吸引力

请根据以上客户需求信息，为该网店制作Banner广告（客户提供的商品图见资源包）。参考效果见图6-23。

图6-23 Banner广告

任务评价

评价项目	评价内容	评价方式		
		自我评价（30分）	小组评价（30分）	教师评价（40分）
职业素养（分值占比50%）	能自觉遵守规章制度，出色完成工作任务			
	有团队合作意识，协作沟通能力强			
专业能力（分值占比50%）	版式设计美观大方			
	针对客户要求进行设计			
	颜色搭配和谐			
	文案提炼精准			
	Banner广告完成度			
评分合计				
综合评价：				

任务二
食品网店商品分类区设计与制作

任务介绍

本任务是为一家进口零食商城设计制作网店商品分类区，让买家可以在众多商品中快速找到自己需要的商品。在设计制作过程中需要充分考虑店铺的整体装修情况及产品的特点，通过利用合理的颜色搭配及构图技巧制作出具有吸引力的商品分类区域，要求在制作过程中熟练"文字""形状""图层样式"等工具的使用。

任务描述

"食尚物语"是一家专营进口零食的商城，为了迎接年中大促，商城首页要进行全新的装修设计，现要求对商城商品分类区域针对活动的特点进行设计及制作。

要求：①配色符合零食店特点，突出活动气息；②突出网店活动力度，并根据商品的属性进行分类，做出相应的设计。设计师与客户沟通后得到具体需求信息，见表6-3。

表6-3 "食尚物语"网店客户需求信息

项目	客户反馈
消费人群	15～35岁青少年
分类方式	包含活动分类及产品属性分类两种分类方式
版面设计	突出活动信息及相应活动分类模块
分类区域尺寸	宽为750px，高度1000px
文案	简短，突出活动及产品特点

任务实施

宝贝分类能让用户快速找到自己想要的商品，提高了用户体验度。在电商平台上，完善的商品分类不仅可以提高用户购物的体验，也可以有效提高转化率和销售额。在商城中对于商品分类，可以按照网店的整体色调进行设计，完善的商品分类可以让买家一目了然，常见的分类区如图6-24和图6-25所示。

图6-24　产品属性分类

图6-25　店铺活动分类模式

第一步　设计思路分析

设计师针对客户需求信息进行设计思路分析：

（1）商品分类区结合店铺的经营类目、商城活动信息及总体特色等几个方面进行设计，突出商城的活动信息，让顾客可以快速地找到相应的活动产品及对应类别的商品，激发顾客的购买欲望。商品分类区布局见图6-26。

（2）在风格上要考虑零食为快消产品，要表现出明快的特点，并且考虑到促销要求，整体配色上，可以选择红色、黄色系为主色，蓝色为点睛色，整体配色显眼突出。

图6-26　商品分类区布局图

（3）突出商城活动产品的分类区域，提升营销导向性，提升商城的活动营销效果。

（4）采用圆角矩形等形状简洁柔和的图形元素，提升整体版面的协调性。

（5）整体文案设计简短，突出活动、品牌、商品属性等核心信息。

> **小贴士**
>
> 产品在上架之后，购物路径越短则越利于成交。因此，商品分类需要更加简洁明了的设置，让买家可以更加快速地找到自己想要的商品，例如利用产品合集、店铺爆款、搭配套餐、新品专区等。

第二步　操作实施

设计师与客户沟通设计思路后形成可行的实施方案，以下为操作步骤。

1．活动商品分类区设计

（1）启动Photoshop CC2018，新建一个750px×760px的空白文档，名称为"食品类商品分类区"，背景填充白色，调出标尺并新建参考线做好区域布局划分；使用工具箱中的"圆角矩形"工具，设置圆角半径为20px，绘制一个圆角矩形选区，并进行渐变填充，颜色为：#f9ebbb～#f3edd5；继续新建图层，绘制圆角矩形路径，并在路径上添加锚点，进行形状修改，并作渐变填充，颜色为：#ef2128～#e4020e。效果见图6-27。

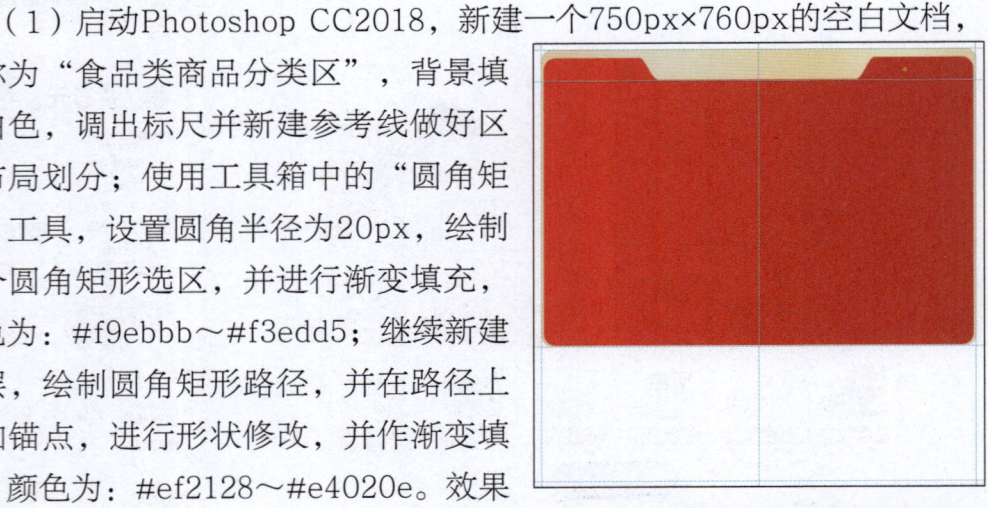

图6-27　新建文件及活动区域绘制

（2）新建组，命名为"活动分区1"，新建图层，绘制圆角矩形，并进行渐变填充，颜色为：#f9ebbb～#f3edd5；输入文案，设置字体为微软雅黑，颜色为#e10216～#bc635b；新建图层绘制圆角矩形填充白色，设置投影如图6-28所示；继续绘制圆角矩形填充#0544c4，输入文案"抢鲜"，并插入素材，效果如图6-29所示。

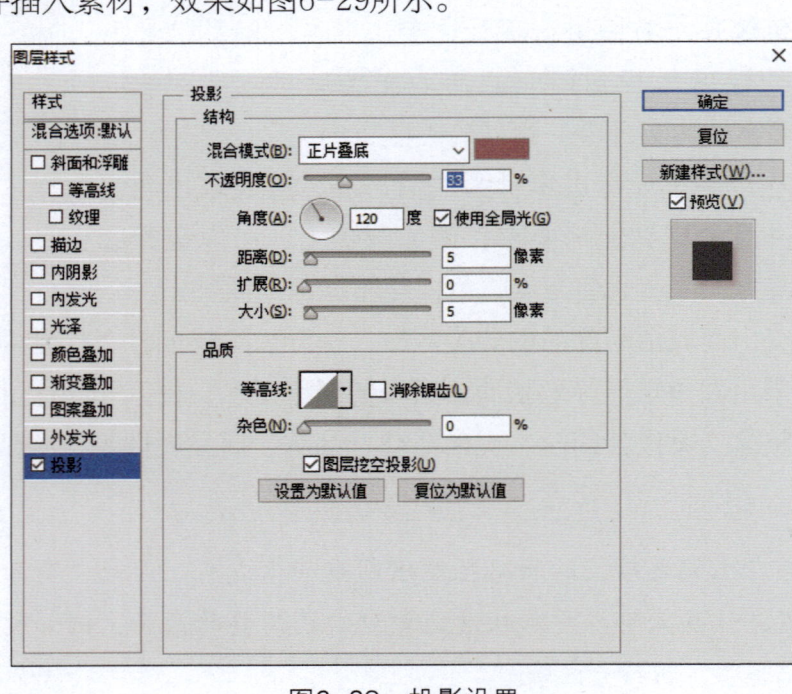

图6-28　投影设置

（3）重复上一个步骤，复制组"活动分区1"，重命名为"活动分区2""活动分区3""活动分区4"，并修改文案及替换图片素材，完成活动分类区域设计，效果如图6-30所示。

图6-29 活动分区效果

图6-30 活动分类区域设计

2. 商品类别分区

（1）新建图层，设置圆角半径为20px；绘制圆角矩形，并填充颜色为：#e4020e，效果如图6-31所示。

（2）新建组，命名为"商品分区1"；新建图层，按住<shift>键，绘制正圆角矩形，并填充颜色为：#e4020e，设置图层样式为描边，填充类型为渐变，如图6-32所示。继续新建图层，绘制圆角矩形，并进行渐变填充，颜色为：#f9ebbb～#f3edd5，并作同上图层描边设置，输入文案"解腻果干"，并插入素材，效果如图6-33所示。

图6-31 商品类别分区

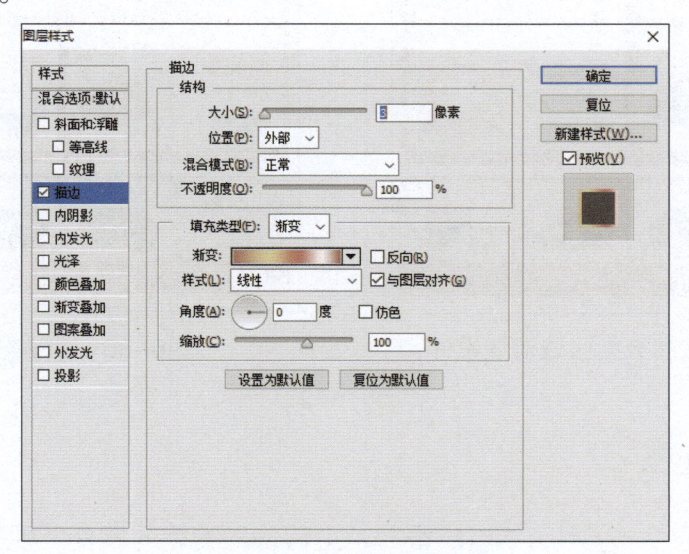

操作视频16：商品分区

图6-32 图层描边设置

（3）重复上一个步骤，复制组"商品分区1"，重命名为"商品分区2""商品分区3""商品分区4"，并修改文案及替换图片素材，完成商品分类区域设计，效果如图6-34所示。

图6-33　商品分区1设计

图6-34　商品分类区域设计

（4）新建图层，绘制圆角矩形，并复制选区，对图层进行修剪，制作不规则滑块，并进行渐变填充，颜色为：#f9ebbb～#f3edd5，设置图层样式为投影；继续新建图层，按住<shift>键，绘制正圆及箭头图像，输入文本"向左滑动"，效果如图6-35所示。

（5）新建图层，输入文本"限时礼遇"，并运用加深、减淡工具对整体效果进行修饰调整，最终效果如图6-36所示。

操作视频17：滑块及调整

随堂记

图6-35　商品分类区域滑块设计

图6-36　最终效果图

举一反三

小雪新开了一家网店"口口香"，主营各种类型的零食。现在小雪想为自己的网店制作商品分类区域，让进店的顾客能第一时间找到需求的商品。具体要求见表6-4。

表6-4 "口口香"网店客户需求信息

项目	客户反馈
消费人群	15～35岁青少年
分类方式	采用活动分类或产品属性分类等分类方式均可
版面设计	分类清晰明了，具有营销导向
分类区域尺寸	宽为750px，高度不限
文案	简短，突出活动或产品特点

你能否帮小雪完成这个任务（客户提供的商品图见资源包）？

任务评价

评价项目	评价内容	评价方式		
		自我评价（30分）	小组评价（30分）	教师评价（40分）
职业素养（分值占比50%）	能自觉遵守规章制度，出色完成工作任务			
	有团队合作意识，协作沟通能力强			
专业能力（分值占比50%）	商品分类清晰			
	版式协调统一			
	具有营销导向性			
	工具使用正确			
	评分合计			
综合评价：				

项目总结

　　商品分类是电商平台中非常重要的一环，通过商品分类能够让用户快速找到自己所需要的商品，提高用户购买欲望和购买体验。而商品分类的关键点如下：

　　（1）明确分类：分类一定要明确，不可以有多余的分类或者存在空缺的分类，分类名称也要清晰，便于用户识别。

　　（2）合理排序：合理排序是保持分类流畅性的必要手段，可以让用户快速找到自己需要的商品。

　　（3）美观整洁：不仅要让宝贝分类清晰、排版流畅，还要让分类整洁美观，通过美观的排版与界面展现让用户更加愿意进行交易。

　　（4）细节考虑：宝贝分类中还有细节需要考虑，比如清晰的宝贝产品图、一目了然的价格、热门品牌的展示等。

项目七

详情页设计

项目简介

本项目是围绕宝贝详情页的制作展开学习。宝贝详情页是激发顾客的消费欲望、增强顾客对店铺的信任感、提高转化率的入口；同时通过宝贝详情页的展示也可以传递一些与社会责任和公民意识相关的信息。在宝贝详情页设计时设计师要有良好的职业道德，秉承对企业负责的态度设计好宝贝详情页。宝贝详情页主要介绍产品的功能、特性、细节、品牌等，通过图文结合将产品全方位展示，从而促进顾客购买。本项目将为服装和食品两类网店制作宝贝详情页，这两种产品类型在网店中具有一定的普遍性和代表性。

项目目标

- 能读懂客户反馈信息。
- 能根据客户反馈信息进行宝贝详情页设计。
- 能根据客户反馈信息进行宝贝文案的编写。
- 能使用"文字""形状""通道"和"蒙版"等工具编辑辅助图形。
- 培养学生的社会责任感和公民意识，提高学生职业道德和职业素养。

任务一
服装类网店详情页设计

任务介绍

本任务是制作女装网店的一款风衣宝贝详情页。通过对图片的排版编辑、文字的变形和渐变工具设计创意海报情景大图，使用"矩形"工具、"文字"工具和图层样式设计制作关联图和优惠券，利用软文描述并配上细节图片展示，突显风衣的特性和卖点。在该风衣的详情页中大量应用"文字""形状"和"画笔"，同时应用"描边命令"和"图层对齐"等操作优化宝贝详情页。

任务描述

"千纤纺女装"网店到了一款风衣,新款风衣要上架,现征集新款风衣的宝贝详情页。设计师与客户沟通后得到需求信息,见表7-1。

表7-1 "千纤纺女装"网店客户需求信息

项目	客户反馈
消费人群	20~35岁女性
服装风格	优雅、高贵、浪漫
关键信息	风衣、新品
详情页版面	海报情景图、宝贝信息、尺码信息、细节展示、品牌售后等
详情页尺寸	宽750px,高度不限(根据实际情况而定)
宝贝文案	简短、强调卖点

客户提供部分照片素材,见图7-1。

图7-1 部分照片素材

任务实施

宝贝详情页是顾客打开商品页面后,仔细观看、细细品味寻找符合自己需求的产品展示区域。因此,详情页对宝贝的展示要全面,宝贝的尺寸要准确,文案要运用情感营销引发共鸣,且简短易记。

第一步 设计思路分析

设计师针对客户反馈信息表进行设计思路分析：

（1）详情页版面要全面详细地展示产品，应包含海报情景图、宝贝信息、尺码信息、细节展示、品牌售后等。

（2）根据消费人群以及产品的风格特点，详情页选择紫色为背景主色，整体采用玻璃质感背景作底衬，以呈现画面的立体效果，海报情景图的背景应用粉色和花的图案，表现女性的优雅、浪漫，独特造型的宣传标语有助于烘托宝贝卖点，带给顾客视觉冲击。

（3）网上购物无法真实体验产品，购买服装最大的顾虑就是买回来的衣服不能穿，为了消除顾客的顾虑，在宝贝详情页上必须涉及宝贝信息和尺码信息，这样顾客在购买时便可以测量对照，购买到合适的商品。

（4）产品的细节、性能、品质要清楚地告诉顾客。服装类产品要向顾客展示服装的面料、设计的特点、服装的独特之处，以及这些属性将会给顾客带来的优势。

（5）产品展示要配上文案描述，文案是产品卖点的提炼，具有强调和暗示的功能，运用文案进行情感营销，引发共鸣，能让顾客细细品味。

小贴士

宝贝详情页是卖家与买家之间沟通的"桥梁"，只有在详情页上给出更多"合胃口"的信息，才能够引起买家的兴趣。从整体上来说，宝贝详情页要符合店铺风格，让买家融入品牌氛围；从细节上来说，前三屏最重要。以简单明了的方式体现产品的基础信息、宝贝细节描述、模特图、套餐及优惠政策、产品对比、品牌介绍、购物保障等。

知识加油站

宝贝详情页的描述遵循以下基本顺序：①激发兴趣；②激发潜在需求；③赢得消费者信任；④客户做出决定。潜在需求是指消费者有购买欲望，但由于种种原因还没有明确地显示出来的需求。一旦条件成熟，潜在需求就会转化为显性需求，为企业提供无穷的商机。显性需求是指已经存在的市场需求，表现为消费者既有欲望，又有一定的购买力。设计师要具备良好的职业道德素养，设计制作详情页时要牢记商品的描述应该实事求是，不能弄虚作假。

试一试

请根据宝贝详情页的制作要求，试着制作新款风衣的宝贝详情页。从色彩象征的含义入手来定位详情页的色调，制作符合宝贝的详情描述。

第二步　操作实施

1. 设计详情页模板

（1）启动Photoshop CC2018，新建一个750px×1200px的空白文档，名称为"服装详情页模板"，背景填充浅灰色（R：236，G：236，B：236）；选择"矩形选框"工具，绘制一个矩形选区，并填充紫色（R：176，G：61，B：189），效果见图7-2。

（2）打开素材"标志图.jpg"文件，见图7-3。选择"矩形选框"工具，选取图像，选择"移动"工具，将其移动到"服装详情页模板"图像上，对图像进行调整，效果见图7-4。

（3）选择"魔棒"工具，单击白色背景，按<Delete>键删除白色背景，按<Ctrl>键，单击"缩略图"，变成选区，填充白色，效果见图7-5。

图7-2　详情页背景　　　图7-3　标志图

图7-4　调整标志　　　图7-5　删除标志背景并填充白色

（4）选择"文字"工具，在图像上输入文字"千纤纺"女装，字体为幼圆，大小为30点，按<Ctrl>键，单击"缩略图"，将文字载入选区。打开素材"字底花.jpg"文件，将其移动到"服装详情页模板.psd"文件中的选区部分，按<Ctrl+Shift+I>组合键，反向选取，按<Delete>键删除。选择"图层"→"图层样式"→"投影"命令，弹出"图层样式"对话框，设置描边的样式，大小为1px，颜色为白色，设置投影的样式见图7-6，效果见图7-7。

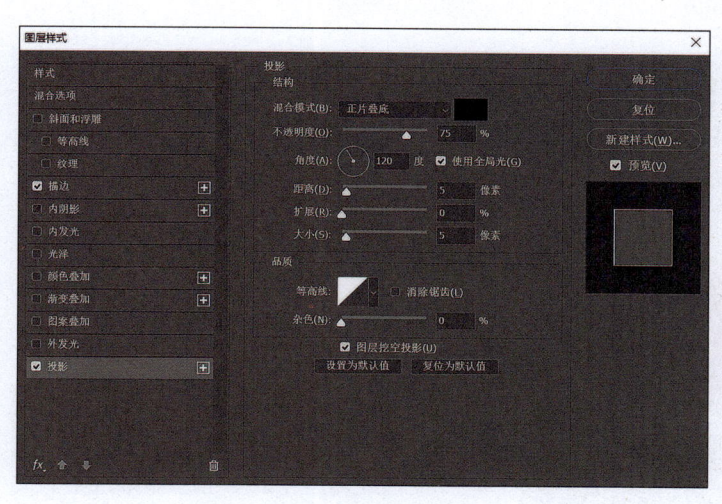

图7-6　设置图层样式

图7-7　店铺名称

（5）选择"自定形状"工具，设置其属性见图7-8，在图像中按下鼠标左键同时移动鼠标，绘制花朵，效果见图7-9。

（6）制作玻璃图层。新建图层，选择"矩形"工具，绘制一个矩形，填充灰色，选择"图层"→"图层样式"→"混合选项"，弹出"图层样式"对话框，设置"混合选项""高级混合"中的"填充不透明度"为30%；"投影"中的"混合模式"为正片叠底、黑色，"不透明度"为36%，"角度"为135°，"距离"为3px，"扩展"为0，"大小"为3px；"外发光"中的"混合模式"为叠加，"不透明度"为50%，"设置发光颜色"为白色；"斜面和浮雕"中的"大小"为4px，"光泽等高线"为环形，"高光模式"为正常，"不透明度"为100%，"阴影模式"为颜色加深，"不透明度"为19%；"等高线"中的"范围"为33%，效果见图7-10。

图7-8　自定形状属性

图7-9　绘制花朵

图7-10　制作玻璃图层

（7）新建图层，选择"椭圆选框"工具，按住<Shift>键，同时按下鼠标左键移动鼠标绘制一个正圆，选择"渐变填充"工具，设置"渐变编辑器"对话框中相关内容，见图7-11。选择"角度渐变"按钮，按下鼠标左键，同时由中心向外移动鼠标。

（8）按照上述操作步骤，制作其他几个图钉，效果见图7-12。

图7-11　渐变编辑器　　　　　图7-12　制作图钉

（9）选择"文字"工具，输入文字，字体为幼圆，文字"店铺公告"大小为14点，文字"本店承诺七天之内包退包换"大小为12点，效果见图7-13。

（10）新建图层，选择"圆角矩形"工具，半径为20px，绘制圆角路径，按<Ctrl+Enter>组合键，使其变成选区，填充白色，效果见图7-14。

图7-13　店铺公告　　　　　图7-14　导航条

（11）新建图层，选择"矩形"工具，绘制一个矩形路径，选择"编辑"→"变换"→"斜切"，将鼠标移到底边中间点，按下鼠标左键并向左移动，形成平行四边形，按<Ctrl+Enter>组合键，使其变成选区，填充渐变色，效果见图7-15。

（12）选择"文字"工具，输入文字"首页""宝贝详情""收藏""帮助"，字体为幼圆，大小为18点，效果见图7-16。

图7-15　导航按钮　　　　　图7-16　导航文字

（13）复制玻璃图层，按<Ctrl+T>组合键，调整大小和位置，选择"图层"→"图层样式"→"颜色叠加"，设置叠加颜色为紫色（R：179，G：71，B：192），"不透明度"为50%；"斜面和浮雕"中的"大小"为10px。

（14）选择"自定形状"工具，在属性栏中，选择花朵形状，填充色为紫色，绘制花朵形状；选择"文字"工具，输入文字"宝贝信息"，字体为幼圆，大小为18点。效果见图7-17。

（15）按照上述的操作步骤，制作其他几个版块，效果见图7-18。

（16）模板制作完成，保存文件为"服装详情页模板.psd"。

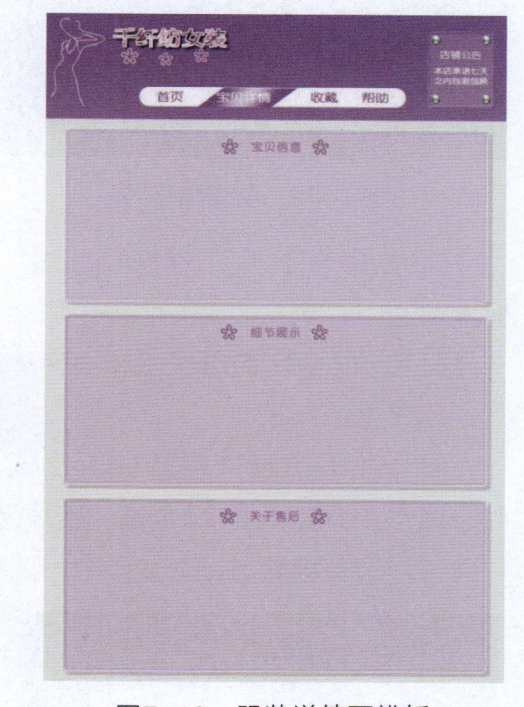

图7-17　复制玻璃图层　　　　图7-18　服装详情页模板

2．设计海报情景图与关联区

（1）选择"图像"→"画布大小"→"定位'向下延伸'"，高度增加500px。

选择"移动工具"，按<Shift>键，同时选中"宝贝信息""细节展示""关于售后"几个版块图层向下移动，空出位置制作"海报情景图与关联区"。新建图层，选择"圆角矩形"工具，绘制一个圆角矩形，按<Ctrl+Enter>组合键，变成选区，选择"渐变"工具，设置颜色（R：253，G：230，B：255；R：254，G：245，B：255；R：254，G：167，B：240），见图7-19。按下鼠标左键同时移动鼠标，填充渐变颜色，效果见图7-20。

操作视频19：设计海报图与关联区

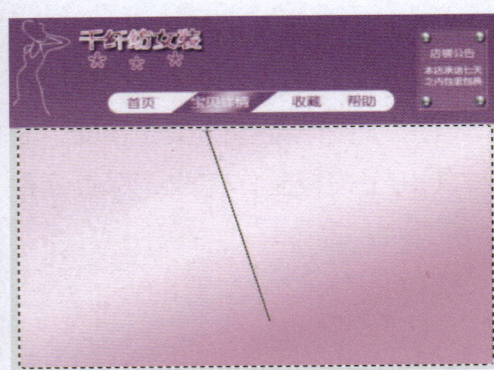

图7-19　渐变编辑器　　　　　　图7-20　填充渐变颜色

（2）打开素材"背景花.jpg"文件，将其移动到"服装详情页模板.psd"中；选择"编辑"→"变换"→"旋转180°"，选择"魔棒"工具，容差为20；选取白底，按<Delete>键删除白色背景，调整大小和位置，效果见图7-21。

（3）打开素材"模特1.jpg"文件，选择"钢笔"工具，勾画人物路径，按<Ctrl+Enter>组合键，变成选区；选择"移动"工具，将其移动到"服装详情页模板.psd"文件中，调整大小和位置，效果见图7-22。

图7-21　海报情景图背景　　　　　　图7-22　插入模特图片

（4）打开素材"风衣1.jpg"文件，选择"矩形选框"工具，选取图像，将其移动到"服装详情页模板.psd"文件中；选择"魔棒"工具，容差为10，选取白底，按<Delete>键删除白色背景，调整大小和位置；使用同样的方法，制作另外两件风衣图片，效果见图7-23。

（5）选择"文字"工具，输入文字"春季新款震撼上市"，大小为48点，字体为华文隶书；选择"图层"→"图层样式"→"描边"，弹出"图层样式"对话框，设置对话框见图7-24。

图7-23　插入风衣图片

图7-24　描边图层样式

（6）选择"图层"→"栅格化"→"文字"，选择"编辑"→"变换"→"斜切"，选择右上角变换点，按下鼠标左键并向上移动鼠标，按<Enter>键即可。使用同样方法制作另一组文字，效果见图7-25。

（7）新建图层，选择"矩形选框"工具，绘制矩形选框，填充颜色（R：246，G：1，B：70）；再绘制一个矩形选框，按<Delete>键删除选区部分，效果见图7-26。

图7-25　文字描边斜切

图7-26　关联图框

（8）选择"文字"工具，输入文字，字体为黑体；选择"圆角矩形"工具，在"抢购"文字图层下方绘制圆角矩形，填充渐变色"黄-橙-黄"，插入素材"牛仔衣.jpg"图片，效果见图7-27。

（9）按照上述操作步骤，制作其他两个关联图，效果见图7-28。

图7-27　牛仔衣关联图　　　　　　　图7-28　关联图

（10）新建图层，选择"矩形选框"工具，绘制一个矩形选框，填充粉红色（R：246，G：74，B：158）；选择"椭圆"工具，按<Shift>键，绘制一个小圆并复制多个小圆，选中所有小圆图层，选择"移动"工具，在属性栏中单击"垂直居中对齐"，按<Ctrl+E>组合键，合并多个小圆图层；将多个小圆移动到粉红图层的上边缘，选中粉红图层，按<Ctrl>键，单击小圆图层的缩略图，按<Delete>键删除粉红图层的上边缘；使用同样方法，删除粉红图层的下边缘。选择"图层"→"图层样式"→"投影"，弹出"图层样式"对话框，设置默认值。选择"文字"工具，输入文字，字体为黑体，效果见图7-29。

（11）按照上述操作步骤，制作另外两张优惠券，效果见图7-30。

操作视频20：商品细节

图7-29　输入优惠券文字　　　　　　图7-30　海报情景图与关联区

3. 设计宝贝信息

（1）打开素材"模特2.jpg"文件，选择"矩形选框"工具，选取图像，将其移动到"服装详情页模板.psd"中，调整大小和位置。新建图层，选择"矩形选框"工具，绘制一个矩形选框，选择"编辑"→"描边"，弹出"描边"对话框，设置"宽度"为1px，"颜色"为米色（R：231，G：223，B：212），居中，效果见图7-31。

图7-31 制作边框

（2）选择"文字"工具，输入文字，字体为黑体，大小为14点；新建图层，选择"铅笔"工具，大小为2px，按<Shift>键，绘制直线；选择"椭圆"工具，按<Shift>键，绘制一个小正圆，填充灰色；选择"多边形"工具，设置属性见图7-32；绘制灰色三角形，效果见图7-33。

（3）按照上述操作步骤，输入文字，字体为黑体，大小为14点，绘制线条。

（4）打开素材"洗涤说明标志.jpg"文件，将其移动到"服装详情页模板.psd"中，调整大小和位置，图层混合模式为"正片叠底"，效果见图7-34。

图7-32 多边形工具属性

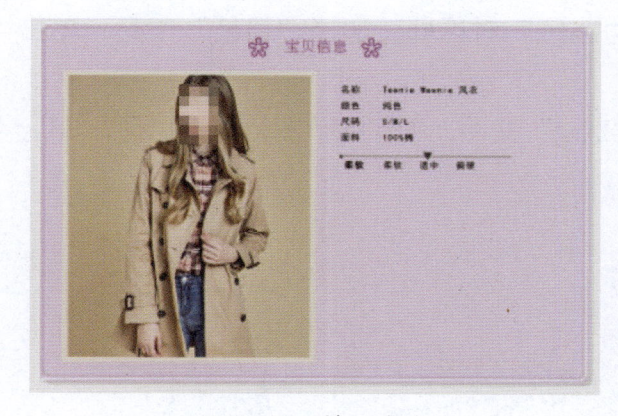

图7-33 输入文字　　　　　　　　　图7-34 宝贝信息图

4. 设计尺码信息

（1）新建图层，选择"矩形选框"工具，绘制一个矩形选框，填充深灰色（R：100，G：100，B：100）；新建图层，选择"铅笔"工具，按<Shift>键，画白色直线，复制图层，按<Ctrl+T>组合键，将复制的图层水平向右移动，按<Enter>键确定，按<Ctrl+Shift+Alt+T>组合键五次，复制五个等距离的直线图层。新建图层，选择"矩形选框"工具，绘制一个矩形选框，填充浅灰色（R：229，G：229，B：229），选择"文字"工具，输入文字，字体为宋体，大小为14点，效果见图7-35。

（2）打开素材"测量图标.jpg"和"体型对照.jpg"两个文件，将其移动到"服装详情页模板.psd"文件中，调整大小和位置，效果见图7-36。

图7-35　输入尺码信息

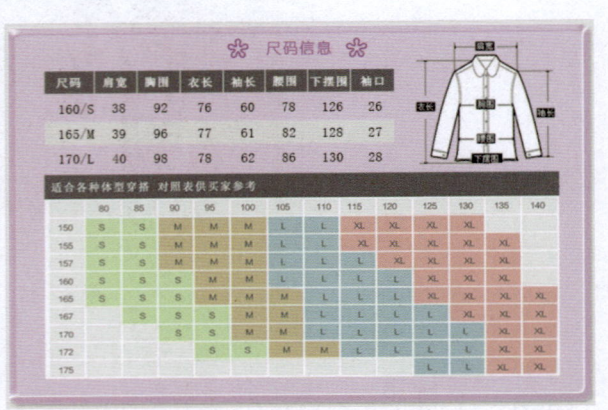

图7-36　尺码信息图

5. 设计细节展示

（1）选择"文字"工具，输入文字"01"，字体为Freestyle script，大小为39点，倾斜，颜色为紫色（R：195，G：117，B：204）；文字"不落幕的经典"，字体为宋体，大小为20点，颜色为黑色；文字"时尚百搭，经典永恒，传统与时尚于一身的经典结合，给人活泼开朗，也不失优雅温柔"，字体为宋体，大小为14点，颜色为黑色。设置"铅笔"工具，大小为1px，前景色为紫色（R：197，G：127，B：195），选择"圆角矩形"工具，在属性栏中选择"路径"，半径为10px，绘制圆角矩形路径，单击右键，选择"描边路径"命令，弹出"描边路径"对话框，选择"铅笔"工具，单击"确定"按钮，效果见图7-37。

（2）按照上述操作步骤，打开素材"细节2.jpg"文件，制作细节图，效果见图7-38。

图7-37　风衣正面展示

图7-38　风衣背面展示

（3）打开素材"细节3.jpg"文件，选择"矩形选框"工具，选取图像，将其移动到

"服装详情页模板.psd"文件中,选择"编辑"→"描边",弹出"描边"对话框,设置"宽度"为3px,"颜色"为紫色(R:186,G:92,B:199),居中。

(4)选择"魔棒"工具,容差为20,选取白色背景,按<Delete>键删除白色背景,选择"文字"工具,输入文字,效果见图7-39。

(5)按照上述操作步骤,制作其他几个细节展示,效果见图7-40。

图7-39　细节翻领和袖型展示　　　　　图7-40　细节口袋和做工展示

6. 设计品牌介绍和关于售后

(1)打开素材"品牌介绍.jpg"文件,选择"矩形选框"工具,选取图像,将其移动到"服装详情页模板.psd"文件中,调整大小和位置,选择"图层"→"图层样式"→"投影",弹出"图层样式"对话框,设置"投影"中的"距离"为1px,效果见图7-41。

(2)新建图层,选择"椭圆选框"工具,按<Shift>键,按下鼠标左键同时移动鼠标,绘制一个正圆选区,填充红色,前景色设为白色,选择"自定形状"工具,选择心状,绘制一个爱心形状。

(3)选择"文字"工具,输入文字,字体为黑体,效果见图7-42。

(4)保存文件。

图7-41　品牌介绍　　　　　　　　　图7-42　关于售后

7. 详情页的切片操作

（1）选择"切片"工具，按下鼠标左键，从图片的开头移动鼠标，分割成多个图片块（注意：每个图片块之间不能有空隙），效果见资源包插图部分。

（2）选择"文件"→"存储为Web所用格式"，弹出"存储为Web所用格式"对话框，单击"存储"按钮，弹出"将优化结果存储为"对话框，单击"保存"按钮，弹出"警告"对话框，单击"确定"，完成详情页的切片。

举一反三

"金秋男装"网店刚到了一款新品夹克，新款夹克要上架，现征集新款夹克的宝贝详情页。设计师与客户沟通后得到需求信息，见表7-2。

表7-2 "金秋男装"网店客户需求信息

项目	客户反馈
消费人群	25~40岁男性
服装风格	简洁、时尚、稳重
关键信息	夹克、新品
详情页版面	海报情景图、宝贝信息、尺码信息、细节展示、品牌售后等
详情页尺寸	宽750px，高度不限（根据实际情况）
宝贝文案	简短、强调卖点

请根据以上客户反馈信息，为该网店制作宝贝详情页（客户提供的商品图见资源包）。

任务评价

评价项目	评价内容	评价方式		
^	^	自我评价（30分）	小组评价（30分）	教师评价（40分）
职业素养 （分值占比50%）	能自觉遵守规章制度，出色完成工作任务			
^	有团队合作意识，协作沟通能力强			
专业能力 （分值占比50%）	版式设计美观大方			
^	针对客户要求进行设计			
^	颜色搭配和谐			
^	文案提炼精准			
^	详情页完成度			
评分合计				
综合评价：				

任务二
食品类网店详情页设计

任务介绍

本任务是制作食品类网店中牛奶的宝贝详情页。在任务中使用"钢笔""魔棒""图层样式""选框""橡皮""文字"等工具对图片进行排版编辑，设计制作详情页模板、创意海报情景大图，利用文案并配上相应图片展示牛奶的卖点。在制作过程中应用"文字""画笔""钢笔""描边命令""图层对齐""通道"等工具，优化宝贝详情页。

任务描述

"牛气十足"食品网店销售光明牛奶，由于牛奶属于快速消费品，顾客对产品的认可在瞬间完成，而起决定作用的是品牌的形象。宝贝详情页可以通过不断地强化产品的安全、卫生、营养、绿色等，提升牛奶产品的品牌形象。现征集一款光明牛奶的宝贝详情页。设计师与客户沟通后得到需求信息，见表7-3。

表7-3 "牛气十足"食品网店客户需求信息

项目	客户反馈
消费人群	各类人群
风格	天然、清爽
关键信息	牛奶、新鲜
详情页版面	海报情景图、宝贝信息、产品展示、品牌售后等
详情页尺寸	宽750px，高度不限（根据实际情况而定）
宝贝文案	简短、真实

客户提供部分照片素材，见图7-43。

图7-43 部分照片素材

小贴士

漂亮美观的宝贝详情页面，不仅为宝贝的介绍增色不少，并在一定程度上延长了买家的浏览时间，无形中会增加出售宝贝的机会。食品详情页除美观外，还要关注食品安全和网购食品如何保障质量等方面。首先商品的质量必须有保证，然后根据买家对商品图片的需求程度，做好宝贝图片的优化，如宝贝详情中可以增加质检报告、第三方认证证书、经营许可证、实体店图片等来优化宝贝。

任务实施

第一步 设计思路分析

设计师针对客户反馈信息表进行设计思路分析：

（1）详情页版面要全面详细地展示产品，应包含海报情景图、宝贝信息、产品展示、品牌售后等。

（2）详情页选择蓝色和白色为背景主色，体现天然、清爽的风格，再配些与牛奶相关的插图，让详情页的整体既统一又富有变化。

（3）海报情景图以蓝天白云、草原、奶牛为背景，中央摆放产品的主图和用透明容器呈现牛奶的实物图，以告知消费者奶牛生长在无污染的环境中，保证牛奶的品质。

（4）在宝贝详情页中设计产品的规格、营养成分、适合人群，再附上检验报告和企业的实况图片，更能证明产品的安全性和真实性，提升品牌形象。

（5）产品展示要配上文案描述，通过文案强调产品的功效，能让消费者细细品味，进而明确产品是否是自己需要的商品。

（6）制作细致贴心的售后服务。

试一试

请根据宝贝详情页的制作要求，试着制作其他食品的宝贝详情页。从宝贝大图、食品的营养成分、细节展示、品牌形象、售后等方面切入，制作符合宝贝特点的详情描述。

知识加油站

宝贝详情页是买家浏览商品的页面，对提高商品的转化率起着重要作用。为了让宝贝详情页在浏览器中尽可能快地显示，建议不要在宝贝详情页模板中使用过多的大图。使用Photoshop设计好宝贝详情页后，应将详情页进行切片处理，最后将切片文件上传到网站的图片空间。加强食品安全宣传教育，只有全面把握食品安全，才能维护人民群众的身体健康，促进社会的和谐发展。

第二步 操作实施

1. 设计详情页模板

（1）启动Photoshop CC2018，新建一个750px×1100px的空白文档，名称为"牛奶宝贝详情模板"，背景填充浅蓝色（R：219，G：236，B：246）；选择"矩形选框"工具，绘制一个矩形选框，并填充蓝色（R：28，G：59，B：141），效果见图7-44。

操作视频21：牛奶宝贝详情模板

（2）打开素材"牛标志.jpg"图像文件。选择"钢笔"工具沿图像边缘绘制闭合路径，按<Ctrl+Enter>组合键，变成选区，选择"移动"工具，将其移动到图像上，对图像进行调整，效果见图7-45。

图7-44　详情页背景

图7-45　制作标志

（3）选择"文本"工具，在图像上输入文字"牛气十足"，字体为幼圆，字号为30，粗体；选择"图层"→"栅格化"→"文字"，按<Ctrl>键，单击"缩略图"，将栅格化文字载入选区，填充渐变色（白色→浅蓝色，R：195，G：222，B：255）；选择"图层"→"图层样式"→"投影"命令，弹出"图层样式"对话框，设置投影的样式为默认值，单击"确定"按钮，效果见图7-46。

（4）打开素材"牛奶图.jpg"文件，选择"矩形选框"工具，选取图像，选择"移动"工具，将其移动至"牛奶宝贝详情模板"；选择"魔棒"工具，在属性栏中单击"添加到选区"，设置容差为40，多次选择蓝色不同区域，效果见图7-47。

图7-46　店铺名称

图7-47　选择蓝色背景

（5）按<Delete>键删除蓝色选区，调整牛奶图像的大小和位置，使用"橡皮"工具擦除，效果见图7-48。

（6）制作店铺公告。新建图层，选择"矩形选框"工具，绘制一个矩形选框，填充灰色；选择"图层"→"图层样式"→"混合选项"，弹出"图层样式"对话框，设置"混合选项："高级混合"中的"填充不透明度"为30%；"投影"中的"混合模式"为正片叠底、黑色，"不透明度"为36%，"角度"为135°，"距离"为3px，"扩展"为0，"大小"为3px；"外发光"中的"混合模式"为叠加，"不透明度"为50%，"设置发光颜色"为白色；"斜面和浮雕"中的"大小"为4px，"光泽等高线"为环形，"高光模式"为正常，"不透明度"为100%，"阴影模式"为颜色加深，不透明度为19%；"等高线"中的"范围"为33%。选择"文字"工具，输入文字，字体为幼圆，效果见图7-49。

图7-48　擦除牛奶图像　　　　　　图7-49　制作店铺公告

（7）新建图层，选择"椭圆选框"工具，按<Shift>键绘制一个圆形选区，填充颜色（R：1，G：189，B：201），同样的方法绘制另外两个圆，填充颜色（R：227，G：145，B：1；R：219，G：236，B：246），调整位置，选择"文字"工具，输入文字"首页"，字体为幼圆，效果见图7-50。

（8）按照上述操作步骤，绘制其他按钮，并输入文字"评价""收藏""逛逛"，字体为幼圆，效果见图7-51。

图7-50　制作导航按钮　　　　　　图7-51　导航按钮

（9）选择"钢笔"工具，绘制一条路径，选择"路径选择"工具，按<Alt>键，同时按下鼠标左键移动鼠标复制一条路径，效果见图7-52。

（10）新建图层，选择"铅笔"工具，打开"画笔"面板，设置画笔属性，大小3px，间距300%，见图7-53。

图7-52 制作路径

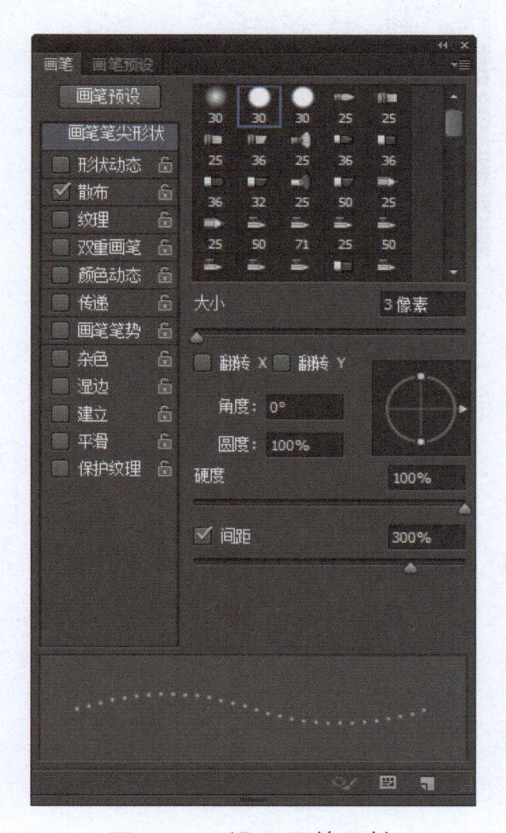

图7-53 设置画笔属性

（11）设置前景色为灰色（R：150，G：150，B：150），选择"路径选择"工具，选中两条路径，单击鼠标右键，弹出快捷菜单，选择"描边路径"命令，效果见图7-54。

（12）新建图层，选择"铅笔"工具，笔尖大小为1px，打开"画笔"面板，设置间距1%，绘制一条直线，选择"编辑"→"自由变换"（或按<Ctrl+T>组合键），设置角度为45°，见图7-55。

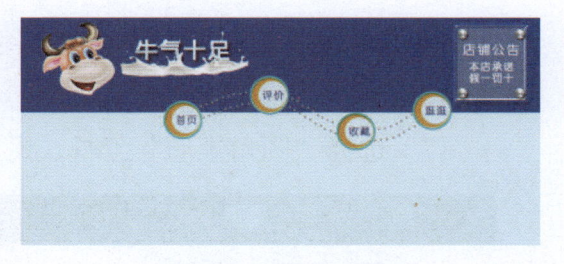

图7-54 描边路径

图7-55 设置变换角度

（13）复制图层（根据斜线的密度，复制多个图层），选中所有斜线图层，选择"移动"工具，单击"顶端对齐"和"水平居中分布"，选择"图层"→"合并图层"，效果见图7-56。

图7-56 复制线段

（14）选择"铅笔"工具，笔尖大小为5px，画一条直线，按照上述操作步骤，绘制斜线和直线，效果见图7-57。

（15）新建图层，选择"矩形选框"工具，绘制一个矩形选框，选择"编辑"→"描边"命令，弹出对话框，设置"宽度"为2px，颜色为灰色（R：150，G：150，B：150），居中。选择"矩形选框"工具，绘制一个矩形选框，填充灰色，选择"文字"工具，输入文字，字体为宋体，效果见图7-58。

图7-57 绘制斜线和直线

图7-58 产品展示分隔线

（16）将图7-58的图层（文字图层除外）进行合并，后面称之为"宝贝描述分隔线"。

（17）选择"圆角矩形"工具，设置圆角矩形工具属性，见图7-59。

图7-59 设置圆角矩形工具属性

（18）按下鼠标左键同时移动鼠标，绘制合适大小的圆角矩形，选择"图层"→"图层样式"→"投影"，弹出"图层样式"对话框，"投影"参数为默认值。选择"铅笔"工具，大小为1px，绘制一条直线。选择"橡皮"工具，大小为100px，硬度为0，在直线的两端擦一下，效果见图7-60。

（19）打开素材"修饰配图1.jpg"文件，使用"橡皮"工具将白色背景擦除，效果见图7-61。

（20）按照上述操作步骤，制作另一个展示框，保存文件为"牛奶宝贝详情模板.psd"，效果见图7-62。

图7-60　绘制圆角矩形和直线

图7-61　擦除白色背景

图7-62　牛奶宝贝详情模板

操作视频22：海报图与关联区

2. 设计海报情景图与关联区

（1）打开素材"草原图.jpg"文件，选择"矩形选框"工具，选取图像，复制。

（2）打开"牛奶宝贝详情模板.psd"文件，选择"图像"→"画布大小"，调整画布的高度，见图7-63。新建图层，选择"圆角矩形"工具，绘制一个圆角矩形路径，按<Ctrl+Enter>组合键，变成选区，选择"编辑"→"选择性粘贴"→"贴入"，按<Ctrl+T>组合键，调整图像大小，效果见图7-64。

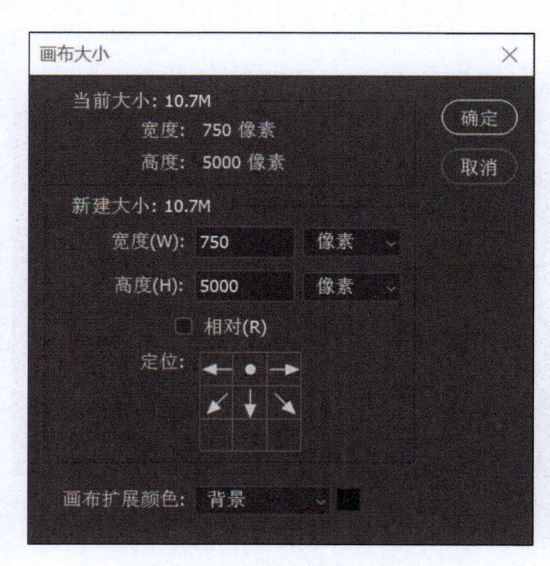

图7-63　调整画布高度

图7-64　贴入草原背景

（3）打开素材"奶牛图.jpg"文件，将其移动到"牛奶宝贝详情模板.psd"文件，将此图层复制，调整图层位置，选择"橡皮"工具，大小为80px，硬度为0，擦除两个图层四周，选择"图像"→"调整"→"亮度/对比度"，设置"亮度"为60，效果见图7-65。

（4）打开素材"优加1.jpg"文件，选择"多边形套索"工具，选取图像，将其移动到"牛奶宝贝详情模板.psd"文件，调整大小及位置。效果见图7-66。

图7-65　擦除调整奶牛图　　　　　　　　图7-66　选取调整牛奶图

（5）打开素材"修饰配图5.jpg"文件，选择"通道"面板，复制"蓝"通道为"蓝副本"阿尔法通道（Alpha Channel），选择"图像"→"调整"→"反相"，使用"钢笔"工具，绘制玻璃瓶路径，按<Ctrl+Enter>组合键，将其变成选区，按<Ctrl+Shift+I>组合键，反向，填充黑色，按<Ctrl+D>组合键，取消选区。选择"图像"→"调整"→"色阶"，弹出"色阶"对话框，设置参数见图7-67。

（6）使用"画笔"工具将玻璃瓶中的牛奶部分涂成白色，将"蓝拷贝"通道载入选区，选择"选择"→"载入选区"，弹出"载入选区"对话框，设置对话框见图7-68，单击"确定"按钮。

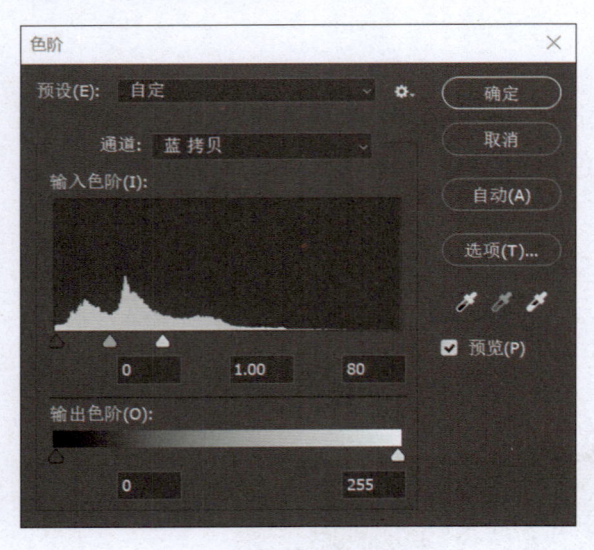

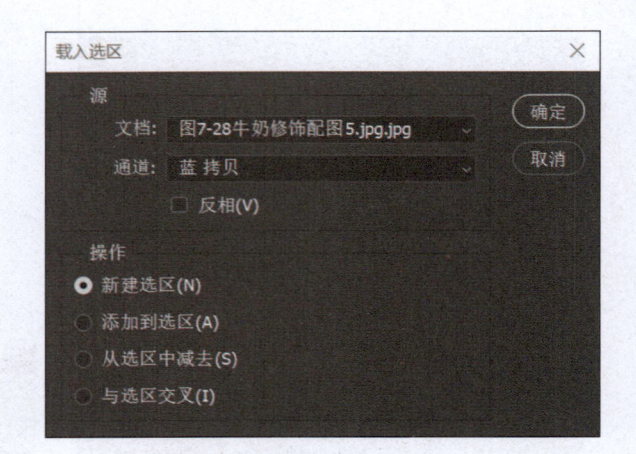

图7-67　调整色阶　　　　　　　　图7-68　"载入选区"对话框

（7）单击RGB通道，回到图层面板，按<Ctrl+C>组合键，将选区复制到"牛奶宝贝详情模板.psd"文件中，新建图层，按<Ctrl+V>组合键，将选区粘贴到新图层中，调整图像大小和位置，效果见图7-69。

（8）选择"文字"工具，输入文字，字体为宋体，选择"图层"→"图层样式"→"描边"，弹出"图层样式"对话框，设置描边"大小"为3px，"颜色"为蓝色（R：1，G：50，B：127），效果见图7-70。

图7-69 粘贴调整图像　　图7-70 文字描边

（9）新建图层，选择"矩形选框"工具，绘制矩形选框，填充颜色（R：246，G：1，B：70），再绘制一个矩形，按<Delete>键删除红色部分，选择"文字"工具，输入文字，选择"圆角矩形"工具，绘制圆角矩形，填充蓝色（R：1，G：50，B：127），插入素材"咖啡专用调制乳.jpg"图片，效果见图7-71。

（10）按照上述操作步骤，制作其他几个关联图，效果见图7-72。

图7-71 制作关联图　　图7-72 海报情景图与关联区

3．设计宝贝信息

（1）插入"宝贝描述分隔线"，选择"文字"工具，输入文字"宝贝信息"，字体为宋体。

（2）打开素材"优加2.jpg"文件，将图像复制到"牛奶宝贝详情模

板.psd"文件中,选择"橡皮"工具,将图像的背景擦除,效果见图7-73。

(3)选择"圆角矩形"工具,半径为20px,绘制多个圆角矩形。选择"文字"工具,输入文字,字体为黑体,选择"移动"工具,按<Shift>键,选择相关图层,单击"水平居中对齐""垂直居中对齐""左对齐""水平居中分布"和"垂直居中分布"等,调整文字,效果见图7-74。

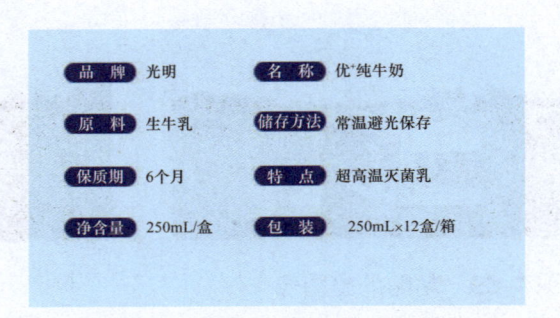

图7-73　擦除背景　　　　　　　　图7-74　制作牛奶属性信息

(4)新建图层,按<Ctrl+R>组合键,打开标尺,将鼠标移到标尺上,按下鼠标左键并移动鼠标,拖曳参考线;选择"圆角矩形"工具,半径为20px,绘制一个圆角矩形路径,按<Ctrl+Enter>组合键,变成选区;选择"编辑"→"描边",弹出"描边"对话框,设置"宽度"为1px,"颜色"为蓝色(R:28,G:59,B:141),居中。选择"铅笔"工具,大小为1px,硬度为100%,按<Shift>键,绘制表格直线。选择"文字"工具,输入文字,效果见图7-75。

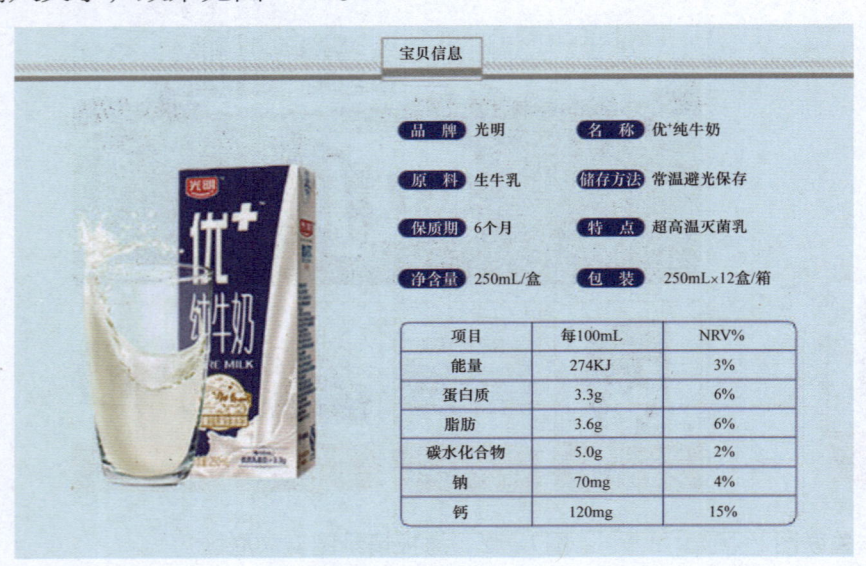

图7-75　制作表格

4. 设计产品展示

(1)打开素材"优加3.jpg"文件,选择"多边形套索"工具,选取图像,将其移动到"牛奶宝贝详情模板.psd"文件中;选择"图像"→"调整"→"色相/饱和度",弹出"色相/饱和度"对话框，设置对话框，见图7-76。

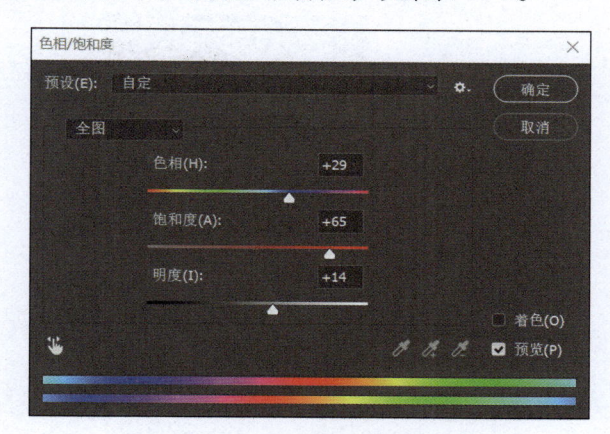

图7-76　调整色相/饱和度

（2）调整图像大小和位置，选择"文字"工具，输入文字，字体为黑体，效果见图7-77。

图7-77　制作产品展示

（3）按照上述操作步骤，制作其他几个产品展示，效果见图7-78。

（4）打开素材"学生图.jpg"文件，将其移动到"牛奶宝贝详情模板.psd"文件中，选择"编辑"→"自由变换"，调整图像大小和方向。选择"图层"→"图层样式"→"投影"，弹出"图层样式"对话框，设置"投影"参数为默认值。选择"图像"→"调整"→"色相/饱和度"，设置色相为"+15"，饱和度为"-25"。选择"文字"工具，输入文字，字体为黑体。

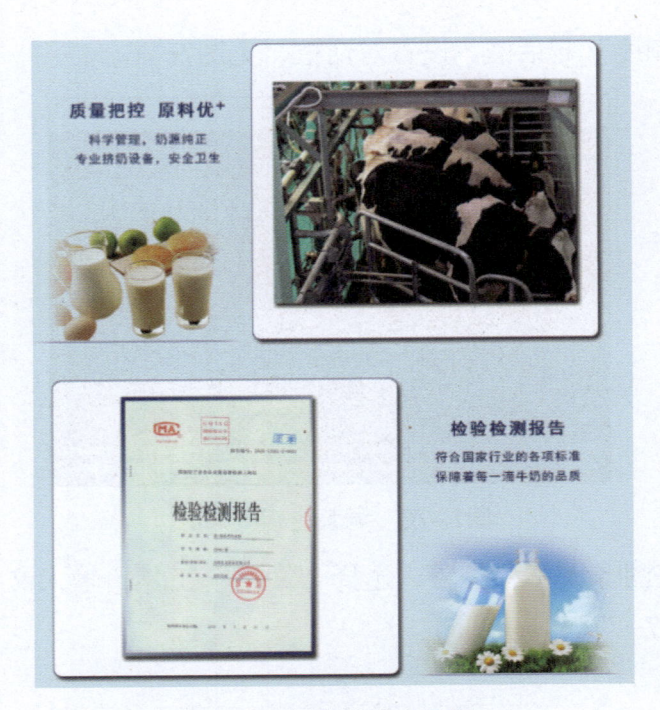

图7-78 制作其他产品展示

（5）按照上述操作步骤，制作另外两个人群图片和文字，效果见图7-79。

图7-79 适合人群

5．设计品牌介绍

（1）插入"宝贝描述分隔线"，选择"文字"工具，输入"品牌介绍"文字，字体为宋体。

（2）打开素材"企业介绍.jpg"文件，将其移动到"牛奶宝贝详情模板.psd"文件中，选择"编辑"→"自由变换"命令（或按<Ctrl+T>组合键），调整大小和位置。

（3）制作波浪底边。选择"矩形选框"工具，绘制一个矩形选框；使用"吸管"工具，吸取"企业介绍.jpg"背景蓝色，填充矩形；拖曳参考线，选择"钢笔"工具，绘制波浪形状的闭合路径，效果见图7-80；按<Ctrl+Enter>组合键，变成选区，按<Delete>键删除，效果见图7-81。

图7-80　绘制波浪形状闭合路径　　　　　图7-81　波浪底边

（4）新建图层，选择"矩形选框"工具，绘制一个矩形选框，选择"编辑"→"描边"命令，弹出"描边"对话框，设置"宽度"为2px，"颜色"为蓝色（R：12，G：120，B：186）。选择"矩形选框"工具，绘制矩形选框，删除部分线段，选择"矩形选框"工具，绘制扁长矩形选框，填充深蓝色（R：28，G：59，B：141），选择"文字"工具，输入文字，字体为黑体，效果见图7-82。

（5）新建图层，选择"矩形选框"工具，绘制一个矩形选框，填充颜色（R：12，G：120，B：186）。打开素材"牛奶家族.jpg"文件，选择"矩形选框"工具，设置固定大小100px×100px，选取各个图标，移动到"牛奶宝贝详情模板.psd"文件中，调整大小和位置，效果见图7-83。

图7-82　制作品牌标题　　　　　图7-83　制作品牌汇总图

6. 设计贴心售后

（1）选择"钢笔"工具，绘制一个绿色形状，选择"图层"→"图层样式"→"投影"，弹出"图层样式"对话框，设置"距离"和"大小"均为8px，其他参数为默认值，效果见图7-84。

（2）按照上述操作步骤，制作另外两个形状。选择"文字"工具，输入文字，字体为黑体，效果见图7-85。

（3）保存文件。

图7-84　绘制多边形

图7-85　制作售后须知

举一反三

"甜甜小点"食品网店进了一批核桃，现将核桃上架，需进行宝贝详情页设计。设计师与客户沟通后得到需求信息，见表7-4。

表7-4　"甜甜小点"食品网店客户需求信息

项目	客户反馈
消费人群	各类人群
商品特点	天然、健康、绿色
关键信息	核桃、营养
详情页版面	海报情景图、宝贝信息、产品展示、品牌售后等
详情页尺寸	宽750px，高度不限（根据实际情况）
宝贝文案	简短、有消费吸引力

请根据以上客户需求信息，为该网店制作宝贝详情页（客户提供的商品图见资源包）。

任务评价

评价项目	评价内容	评价方式		
		自我评价（30分）	小组评价（30分）	教师评价（40分）
职业素养 （分值占比50%）	能自觉遵守规章制度，出色完成工作任务			
	有团队合作意识，协作沟通能力强			
专业能力 （分值占比50%）	版式设计美观大方			
	针对客户要求进行设计			
	颜色搭配和谐			
	文案提炼精准			
	详情页完成度			
	评分合计			
综合评价：				

项目总结

漂亮美观的宝贝详情页不仅会为宝贝的介绍增色不少，并可在一定程度上延长买家的浏览时间，无形中会增加出售宝贝的机会。在制作的过程中，应注意以下原则：

（1）宝贝详情页就是店铺的形象页面，所以宝贝详情页的设计风格要与店铺的整体风格一致，色彩统一。

（2）为了让宝贝详情页面在浏览器上尽可能快地显示，建议不要在宝贝详情页中使用过多的大图。

（3）宝贝图片要清晰，宝贝描述要真实，不能与产品实际不符。

项目八

首焦海报设计

项目简介

本项目重点围绕网店的首焦海报制作展开学习。首焦海报是宝贝详情重要组成部分，通常在店铺首页置顶位置，它的作用是瞬间传递商品及店铺信息，聚焦消费者目光并产生继续浏览的想法。首焦海报根据设计的内容可以分为新品上架、店铺动态、活动预告等，不同的内容其设计的重点也有所不同，在设计时要化繁为简，突出主题，同时要采用符合企业文化与商品形象的文字，以免产生视觉冲突。

项目目标

- 能认识首焦海报各元素的层级关系与设计思路。
- 能根据客户提供的商品图，进行合理的剪裁与修整。
- 能对文字进行艺术化的编排，增强文字的可读感和艺术性。
- 能根据网店推广内容确立首焦海报的风格、布局、配色、文字和图片。
- 引导学生探寻中国传统文化，领会汉服文化的内涵，传递民族精神，树立文化自信。

任务一
服装类网店首焦海报设计

任务介绍

本任务是为某汉服网店制作以"汉韵之美"为主题的活动海报，宣传汉服之美，引导学生关注我国优秀传统文化。通过辅助线对背景进行空间划分，利用渐变修饰出光影效果，制作出三维立体的空间效果。同时还需学习图层蒙版、通道抠图、文字排版的制作方法，了解如何运用我国传统颜色进行海报配色，传达古典颜色的意境之美。

任务描述

某汉服女装网店计划开展以"汉韵之美"为主题的汉服展示活动，为了扩大品牌影

响力、传播汉服品牌形象,现需制作服装类网店首焦海报。设计师与客户沟通后得到以下需求信息,见表8-1。

表8-1 某汉服网店客户需求信息

项目	客户反馈
消费人群	25~40岁女性
服装风格	知性、端庄
关键信息	我国传统服饰、风雅而有意境美
配色	中式传统配色
尺寸与质量	宽1920px,高960px,分辨率72dpi

同时,客户提供了部分照片素材,见图8-1。

图8-1 汉服网店首焦海报素材

任务实施

首焦海报模块占据的面积较大,也是整个网店首页中最醒目、最具有视觉冲击力的部分。根据客户需求,首焦海报以"汉韵之美"为主题,将产品(模特)、文字、背景、配色等围绕主题进行设计,相辅相成呈现出我国优秀传统文化独有的美学风格。

第一步 汉服网店首焦海报设计思路分析

(1)依据活动主题与目标客户的喜好,海报的整体设计定位为简洁、年轻、活泼的新中式风格。

(2)常用的海报版式有左文右图或右文左图,这种排版方式在视觉上让产品(模特)与文案一目了然。根据不同的需求,产品(模特)可以由一个或者多个组成,要求产品(模特)比例适中,层次清晰。

(3)文案则由大标题、小标题、辅助性文字、优惠券、价格标签等组成,根据需求可以居中或左右对齐,这样整体视觉上会更加舒服,整洁统一。大标题可以用书法字体提升海报视觉度，非常的潇洒、有意境。字体选择主要分为篆、隶、楷、行、草五种书法体，每种书法体都有着它独特的美感和气质。

（4）背景可以利用形状的切割制作出三维立体效果，让画面更具空间感。添加渐变效果能够让画面产生明暗区分，运用渐变背景时，渐变色一定要过渡自然，否则就会让背景显得死板。

（5）色彩则使用我国传统色彩，我国的古代传统色谱中的色系较为沉稳，所使用的色彩饱和度不会过高，一般在进行配色时会以共性色调进行色彩搭配，为画面营造较为统一和谐的氛围。

> **知识加油站**
>
> 汉服作为我国传统服饰代表，承载着深厚的中国文化底蕴，中式传统美学的特点是总体布局对称均衡、端正稳健，运用国画中的留白，以突显传统、古朴的气质。在中式元素的选择上，水墨、古建筑、瓷器、花窗等，都是中国风常见的元素，能为海报带来浓郁的中式韵味。

试一试

请根据案例，利用色彩采集法从我国古代名画中提取不同特征的颜色，形成配色方案。

第二步　操作实施

1. 新建文档

启动Photoshop软件，单击"文件"→"新建"，创建一个空白文档，在弹出的参数设置对话框中，设置画布宽度为1920px、高度为960px、分辨率为72dpi。

2. 创建参考线

使用计算器算出参考线的数值，用高度数值960乘以黄金分割值0.382，得出366.72。返回Photoshop，单击"视图"→"新建参考线"，取向：水平，位置366.72px。再次使用计算器算出第二条参考线的数值，

操作视频24：服装类网店首焦海报设计"汉韵之美"

小技巧

为了让背景呈现出最佳的三维空间效果，我们用黄金分割比例来设置参考线的位置，用1减去0.618，再乘以画布高度就可以得到水平位置的黄金分割线。黄金分割不仅能产生位置合适的视觉美感，还能为画面的布局合理、醒目突出起到提纲挈领的作用。

用宽度数值1920除以2，得出960。返回Photoshop，单击"视图"→"新建参考线"，取向：垂直，位置960px。见图8-2。

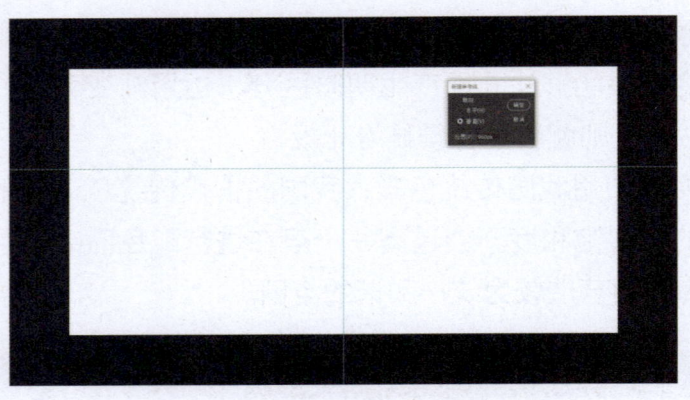

图8-2　创建参考线

3. 绘制透视线

创建新组，将文件夹名称改为透视线，点击创建图层，用直线工具从参考线的中心点开始往画布对角拉直线，绘制完直线之后，按复制图层快捷键<Ctrl+J>，用直接选择工具修改直线对角。一共需要绘制出4根透视线，见图8-3。

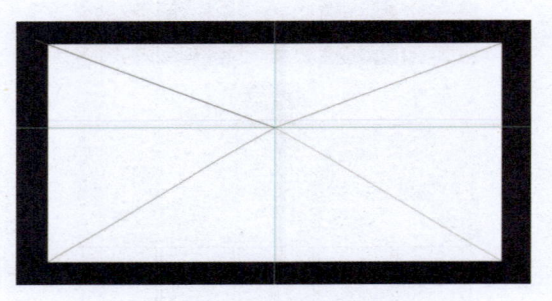

图8-3　绘制透视线

4. 三维背景搭建

（1）创建新组，将文件夹名称改为背景图层，点击创建图层，选择矩形工具，绘制一个宽329px、高960px的矩形，填充颜色为（R：248，G：63，B：14），对齐画布左侧，按组合键<Ctrl+J>复制图层，对齐画布右侧，之后用直接选择工具修改矩形形状，使其对齐参考线，见图8-4。

（2）点击创建图层，使用矩形工具，在两侧矩形中间绘制一个矩形，填充颜色为（R：224，G：168，B：70），见图8-5。

（3）点击创建图层，绘制矩形，填充颜色为（R：247，G：122，B：12），将矩形填满画布顶部空白处；再绘制矩形，填充颜色为（R：238，G：207，B：153），将矩形填满画布底部空白处，完成三维背景的搭建，见图8-6。

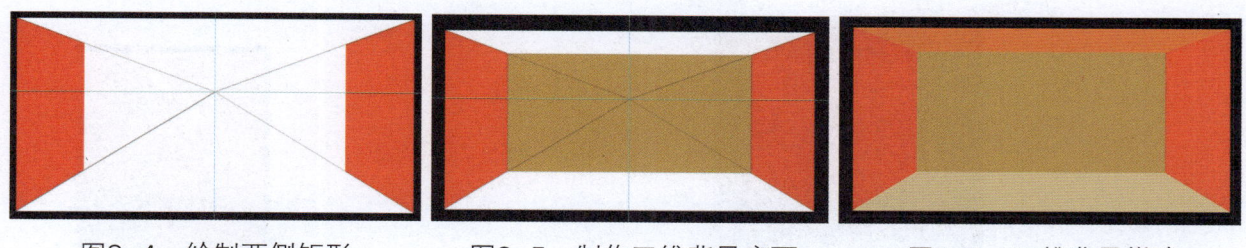

图8-4 绘制两侧矩形　　图8-5 制作三维背景底面　　图8-6 三维背景搭建

5. 绘制三维立体效果

（1）绘制矩形暗部：选择左侧矩形图层，单击图层面板下方的"创建新的填充或调整图层"按钮，添加曲线图层，设置参数为输入153、输出56。选择渐变工具，将前景色设为黑色，在渐变编辑器中选择"前景色到透明渐变"选项，在矩形上、下和内侧拖动渐变工具，使其带有渐变加深效果，见图8-7。

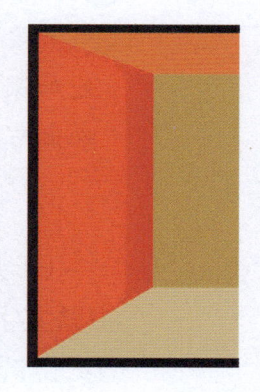

图8-7 绘制左侧矩形渐变

（2）绘制矩形亮部：继续添加曲线图层，设置参数为输入99、输出155，将曲线图层的蒙版填充黑色。选择渐变工具，将前景色设为白色，在渐变编辑器中选择"前景色到透明渐变"选项，选择"径向渐变"，从左往右拖动，提亮矩形的左侧，让立体效果更逼真，见图8-8。

（3）用同样的方法制作右侧和上方矩形的立体效果，见图8-9。

（4）选中底部矩形，单击图层面板下方的"创建新的填充或调整图层"按钮，添加曲线图层，设置参数为输入108、输出146，将曲线图层的蒙版填充黑色。选择渐变工具，将前景色设为白色，在渐变编辑器中选择"前景色到透明渐变"选项，选择"径向渐变"，从上往下拖动，提亮矩形的上方，制作出舞台被照亮的效果，见图8-10。

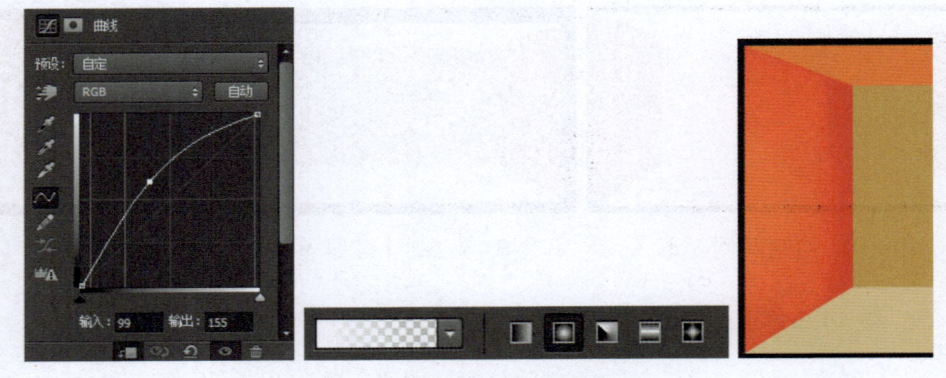

图8-8　左侧矩形光照效果

图8-9　上、左、右侧矩形光照效果　　　图8-10　背景三维立体效果

> **小贴士**
>
> 　　要想让三维效果更逼真，需要模拟光照效果，一般在两个面的交界处加深颜色形成暗面，在开放处提亮颜色形成亮面。操作时建议使用色阶调节颜色的亮暗程度，效果更自然。

6. 文字设计与排版

（1）创建新组，将文件夹名称改为文字，选择文字工具，输入活动主题文字"汉韵之美"，字体选隶书，字体大小140点，颜色（R：234，G：177，B：135），见图8-11。

图8-11　标题文字

（2）为文字添加图层样式，选择斜面和浮雕，样式为内斜面，深度为157，阴影角度为149度，高度为26度，光泽等高线为环形，继续添加等高线"画圆步骤"。选择"渐变叠加"，修改色标从浅黄（R：236，G：

192，B：129）到淡黄色（R：249，G：232，B：206）。点击投影，不透明度93%；距离5px；大小5px，见图8-12。

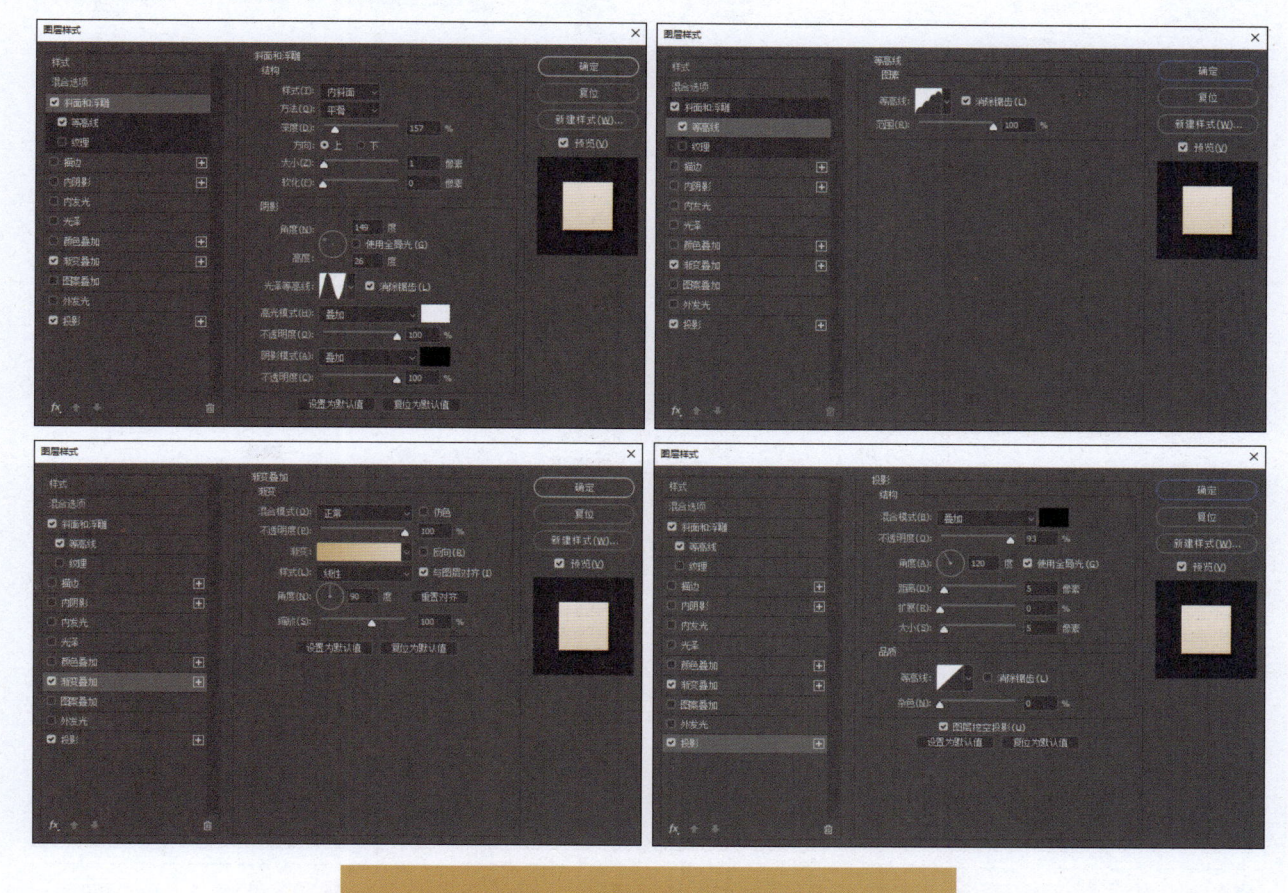

图8-12 为文字添加图层样式（1）

> **操作贴士**
>
> 图层样式是PS中一个用于制作各种效果的强大功能，利用图层样式功能，可以简单快捷地制作出各种立体投影、各种质感以及光景效果的图像特效。与不用图层样式的传统操作方法相比较，图层样式具有速度更快、效果更精确、更强的可编辑性等优势。

（3）绘制圆角矩形，设置半径为50px；填充颜色（R：204，G：57，B：67），旋转-45°。添加图层样式，选择斜面和浮雕，样式为描边浮雕，深度324，阴影角度138度，高度26度，光泽等高线"环形-双"；继续添加等高线"画圆步骤"。选择描边，大小4px，同时填充颜色（R：218，G：182，B：145）。选择内阴影，混合模式为柔光，距离12px，大小4px。选择渐变叠加，混合模式为叠加。选择投影，混合模式为正片叠底，距离11px，大小7px，见图8-13。

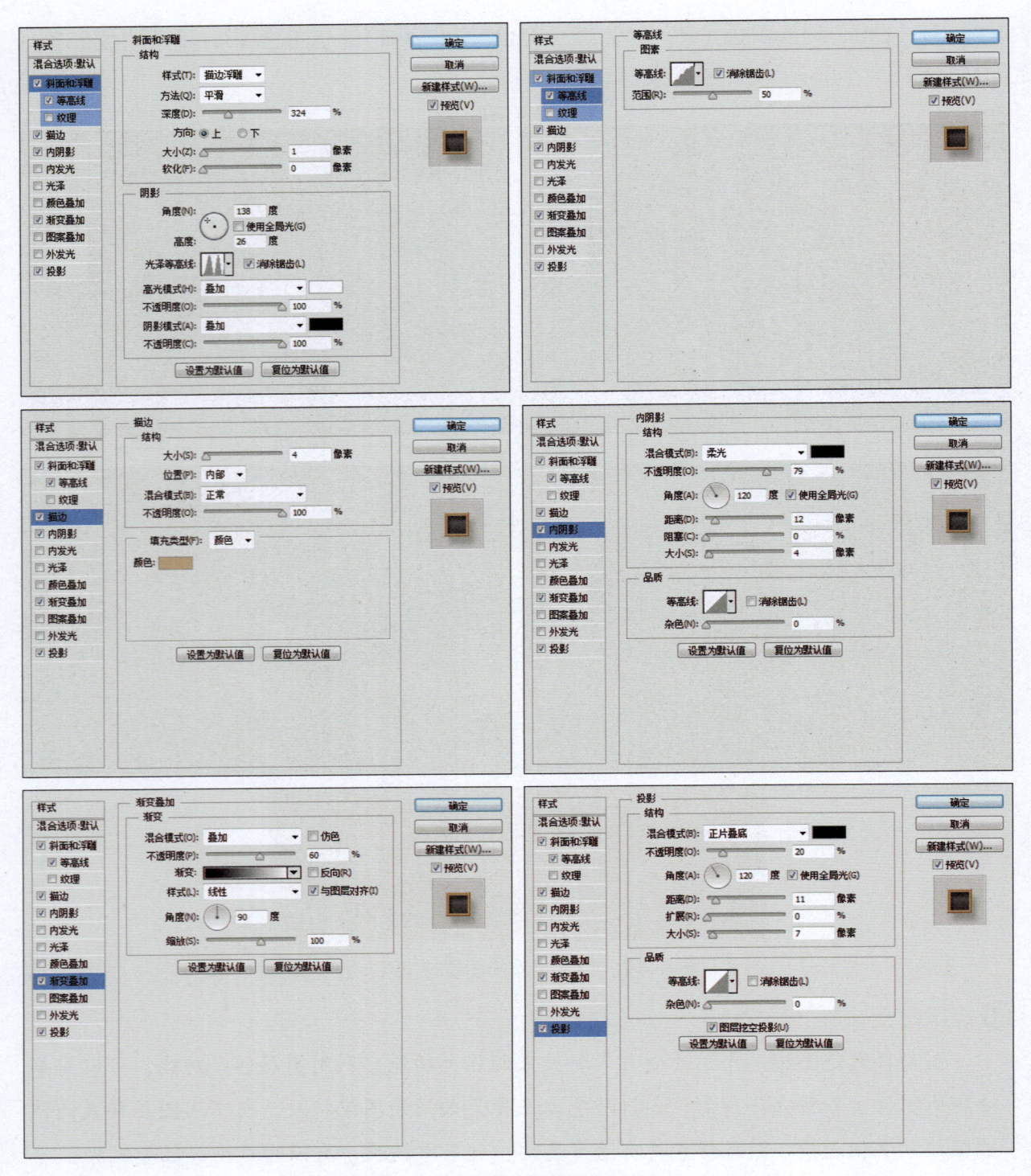

图8-13　为文字添加图层样式（2）

（4）选中圆角矩形图层，按组合键<Ctrl+J>复制三个图层，按顺序排列并放在文字后面，见图8-14。

（5）在标题文字上方添加拼音，下方打入说明文字"匠心手作　中国制造"，字体为方正姚体，将文字全部居中对齐，见图8-15。

图8-14 绘制圆角矩形装饰　　　　　图8-15 添加装饰和说明文字

（6）用钢笔工具绘制出窗框的形状，填充颜色（R：204，G：57，B：67），添加图层样式，选择斜面和浮雕，样式为描边浮雕，深度100，大小2px，阴影角度为158度，高度为32度，光泽等高线为"环形-双"；继续添加等高线为"线性"。选择描边，大小2px，填充颜色（R：229，G：181，B：119）。选择内发光，混合模式为叠加，不透明度为66，颜色为白色，阻塞为17，大小为6，等高线为"锥形"。选择渐变叠加，混合模式为叠加，见图8-16。

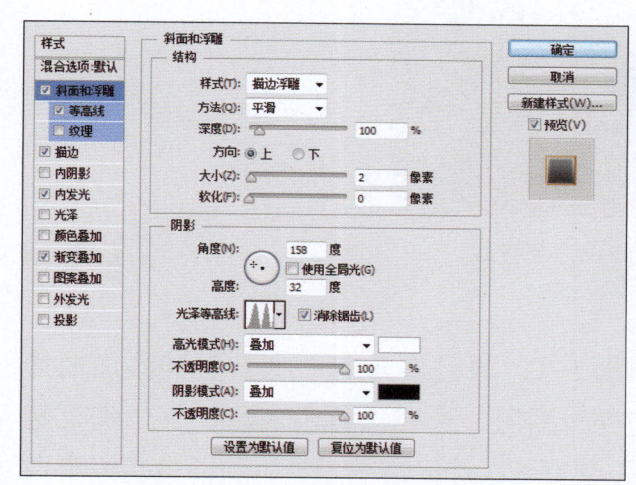

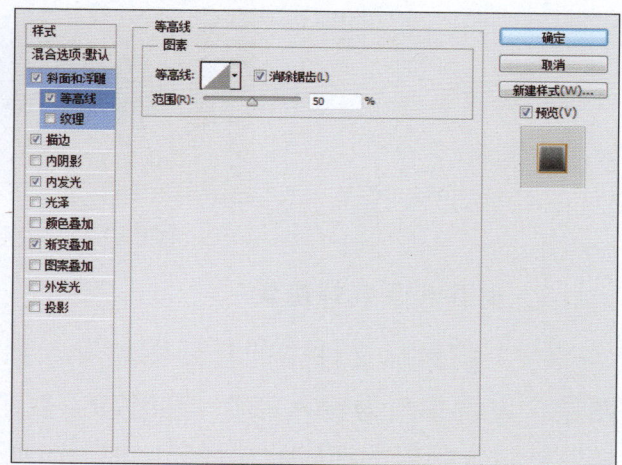

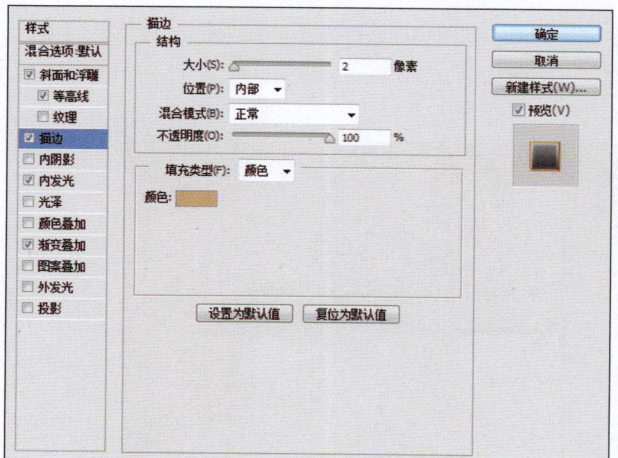

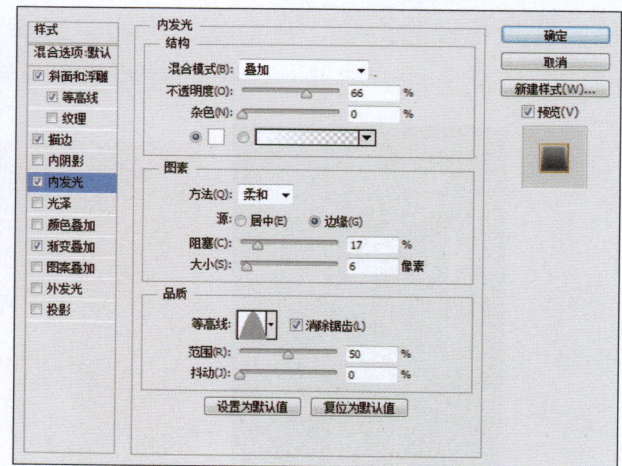

图8-16 绘制窗框图形装饰

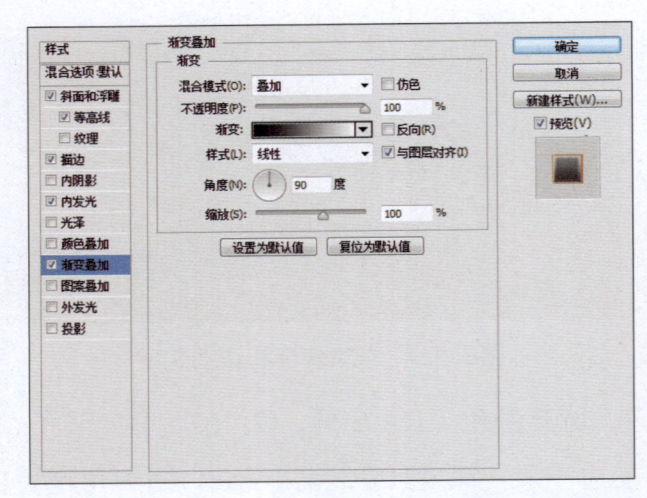

图8-16 绘制窗框图形装饰（续）

（7）新建图层，选择渐变工具，将前景色设为白色，在渐变编辑器中选择"前景色到透明渐变"选项，选择"径向渐变"，在文字中间绘制高光点，最终完成文字的设计与排版，见图8-17。

图8-17 文字的设计与排版

7．制作背景装饰图案

（1）将素材文件中的祥云图片导入到图层中，调整祥云的大小，为其添加曲线图层，设置参数为输入125、输出79。复制祥云图层，选择"自由变换"→"垂直翻转"，将复制后的图层放在祥云底部，添加矢量蒙版，选择渐变工具，将前景色设为白色，背景色设为黑色，在渐变编辑器中选择"前景色到背景色渐变"选项，选择"线性渐变"，从上往下拖动，做出祥云的倒影效果，见图8-18。

图8-18 祥云背景图案

（2）将素材文件中的山川图片导入到图层中，调整好位置，改图层混合模式为背景加深，背景装饰制作完成，见图8-19。

触类旁通

PS中的蒙版通常分为三种，分别是图层蒙版、剪贴蒙版、矢量蒙版。当我们想对图像的某一区域运用颜色变化、滤镜和其他效果时，蒙版会受到保护和隔离，不会被编辑。

图8-19　背景装饰图案

8．人物素材制作

（1）将素材文件中的人物1图片导入到图层中，调整好位置，添加图层样式，选择斜面和浮雕，样式为内斜面，大小为7px，阴影角度为120度，高度为30度；选择投影，混合模式为正片叠底，颜色为红色，不透明度为15%，距离为29，大小为7，见图8-20。

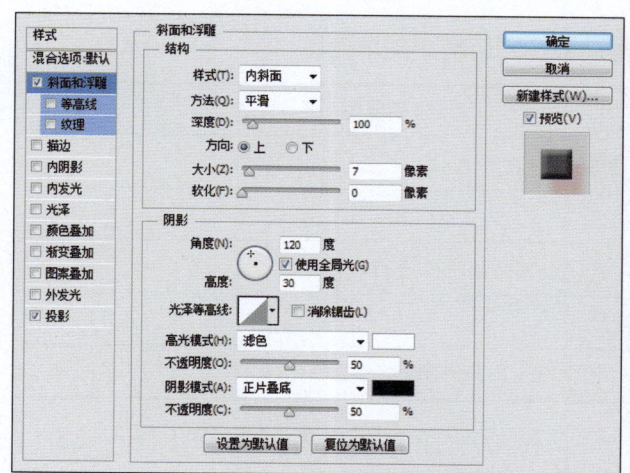

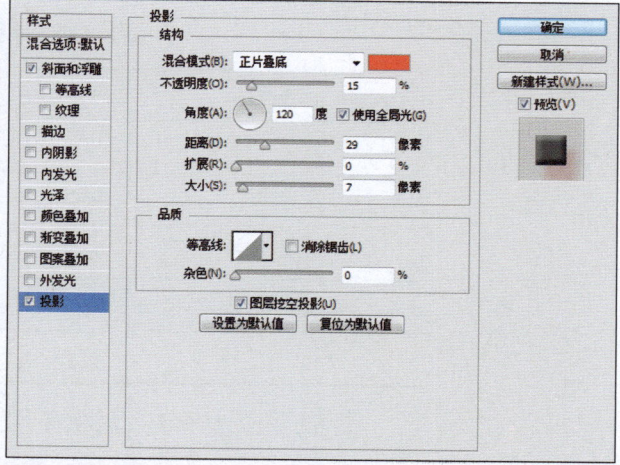

图8-20　人物1素材效果

（2）导入素材文件中的人物2，调整好位置，选择人物1图层，添加图层样式，选择投影，混合模式为正片叠底，颜色为红色，不透明度为15%，距离为29，大小为7，最终完成效果见图8-21。

图8-21　最终完成效果

举一反三

某男装服饰网店现需制作主题为"玩酷国潮"的海报。设计师与客户沟通后得到以下需求信息，见表8-2。

表8-2　某男装服饰网店客户需求信息

项目	客户反馈
消费人群	20~40岁男性
服装风格	时尚、有个性
整体效果	能结合新中式风格图案和字体进行设计
配色	中式传统配色
尺寸与质量	宽1920px，高960px，分辨率72dpi

请根据以上客户反馈信息，为该网店制作海报。参考效果见图8-22。

图8-22　某男装服饰网店海报

任务评价

评价项目	评价内容	评价方式		
^^	^^	自我评价（30分）	小组评价（30分）	教师评价（40分）
职业素养（分值占比50%）	能自觉遵守规章制度，出色完成工作任务			
^^	有团队合作意识，协作沟通能力强			
专业能力（分值占比50%）	符合活动主题要求			
^^	中式元素的应用			
^^	文字排版与设计			
^^	色彩搭配			
^^	海报完成度			
评分合计				

综合评价：

任务二 食品类网店首焦海报设计

任务介绍

本任务是为我国传统食品——月饼制作首焦海报，宣传我国传统文化。在设计时要考虑如何烘托商品美感，营造购物氛围，提升品牌形象，达到促进销售的目的。在制作时需要注意图案设计、文字编排与配色，同时要融入传统文化元素，如典型的中秋节图案、诗词歌赋等，来表现月饼海报的文化特点，以达到传承和弘扬中华传统文化的目的。

任务描述

中秋佳节即将来临，某月饼企业计划推出多种口味的新式月饼，为了能扩大品牌影响力，吸引更多年轻消费群体，现需制作时尚、个性化的首焦海报以满足市场需求。设计师与客户沟通后得到以下需求信息，见表8-3。

表8-3 月饼企业客户需求信息

项目	客户反馈
消费人群	25岁以上人群,年轻人居多
商品定位	送礼佳品,有档次
关键信息	中秋佳节、促销活动
配色	对比强烈的国风配色
尺寸与质量	宽1920px,高960px,分辨率72dpi

同时,客户提供了部分照片素材,见图8-23。

图8-23 中秋月饼首焦海报素材

任务实施

月饼作为中秋节的传统食品,其海报设计既要符合传统文化的美学韵味,又要适应现代人的审美需求和市场竞争的要求。因此,月饼海报设计需要综合考虑多种因素,如文化传承、创新设计和品牌形象。

第一步 中秋月饼首焦海报设计思路分析

(1)中秋月饼促销海报可以从中秋节传统文化中汲取灵感,如从团圆、祈福、庆丰收等吉祥和美好寓意的主题入手,这些都是人们较为熟悉和喜闻乐见的场景。

(2)由于是中秋月饼宣传海报,让人很自然地联想到月亮、兔子、祥云、桂花、折扇等我国传统图案,采用抽象和具象的设计手法,通过图形的联想表现主题情感,让画面信息更加丰富和具体。

(3)文字的排版可以参考古诗词的书写方式,用竖排版来表现,也可以横排居中对齐,这两种排版方式都很符合传统的阅读习惯。可以尝试"月圆人团圆,共享幸福价""礼遇中秋,金兔献礼"等口号,让主题深入人心。

(4)配色方案主要以黛蓝和砖墙红相结合,辅以金色做点缀,红色与蓝色都是我国的传统色彩,代表着吉祥和祝福,这两种颜色在中秋节海报

知识加油站

在设计与中秋节相关的图形元素时,可以采用扁平化设计风格,将复杂烦琐的造型高度概括,这样可以减少视觉干扰,使用户更专注于产品本身。还可以采取图形同构的方法,将主题文字或产品与中秋元素相结合,在突出中秋主题的同时也能加强品牌的亲和力。

项目八 首焦海报设计 | 153

中的运用可以凸显节日的气氛，而金色的应用能凸显产品的高端大气，起到刺激消费欲的作用。

试一试

请根据案例，利用色彩采集法从珐琅彩瓷器中提取不同特征的颜色，形成配色方案。

操作视频25：食品类网店首焦海报设计 中秋月饼

第二步 操作实施

1. 新建文档

启动Photoshop软件，单击"文件"→"新建"，创建一个空白文档，在弹出的参数设置对话框中，设置画布宽度为1920px、高度为960px、分辨率为72dpi。

2. 绘制背景和桌面

（1）新建图层，设置前景色（R：13，G：61，B：64），按组合键<Alt+Backspace>，快速填充前景色，见图8-24。

图8-24 填充背景颜色

（2）选择矩形工具，绘制一个宽1874px、高160px的矩形，填充颜色（R：224，G：42，B：41），继续绘制一个宽1874px、高28px的矩形，

随堂记

填充颜色（R：131，G：23，B：4），将画好的矩形放置在画布下方，见图8-25。

图8-25　绘制桌面

3. 绘制月亮

新建图层，选择椭圆工具，按住<Shift>键，绘制一个正圆形，填充颜色（R：255，G：244，B：214），添加图层样式，选择内阴影，混合模式为正片叠底，填充阴影颜色（R：238，G：211，B：136）；设置不透明度为90，角度为147度，距离为13，阻塞为45，大小为144；继续添加外发光，混合模式为滤色，不透明度为35%；设置发光颜色（R：255，G：244，B：214），大小为43，将月亮放置在画布左上角，见图8-26。

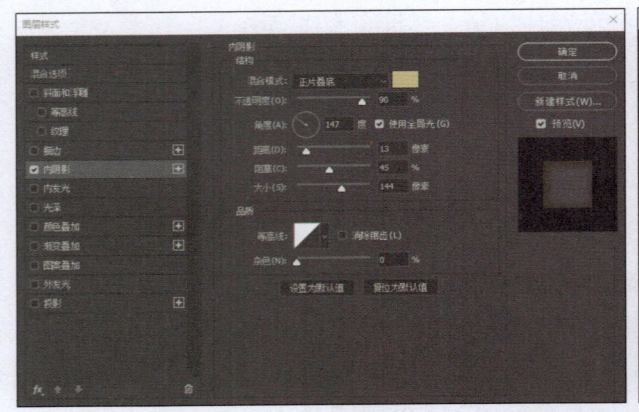

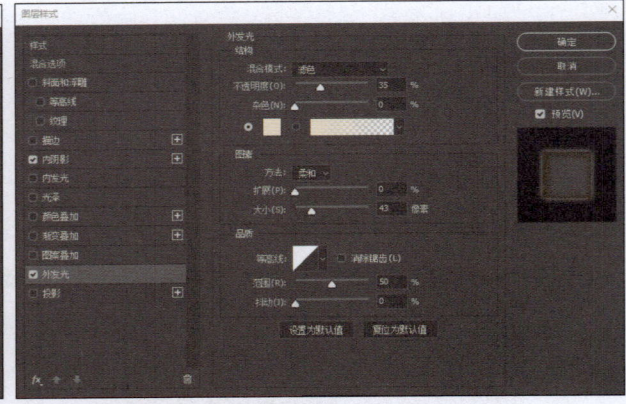

图8-26　绘制月亮

4. 绘制缎带效果

（1）选择圆角椭圆工具，设置半径为10px，绘制一个宽148px、高819px的矩形，填充颜色（R：211，G：7，B：23），选择描边，设置描边宽度4点，为描边添加"金色（R：234，G：164，B：93）—浅黄（R：245，G：219，B：186）—金色（R：234，G：164，B：93）"的渐变色，见图8-27。

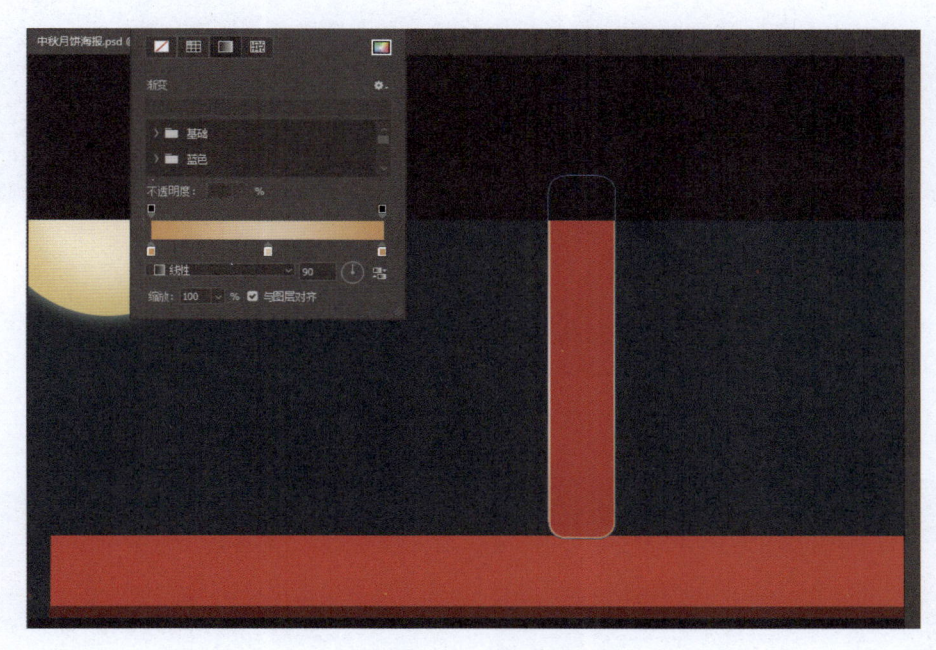

图8-27 绘制缎带

（2）添加图层样式，选择斜面和浮雕，样式为内斜面，深度为52%，大小为27，软化为6，角度为147度，高度为30度；高光模式为滤色，设置颜色（R：255，G：125，B：123）；阴影模式为正片叠底，设置颜色（R：136，G：18，B：20）。继续添加渐变叠加，混合模式为正常，不透明度为100%，设置渐变颜色（R：159，G：28，B：31）—（R：245，G：46，B：44），见图8-28。

5．绘制窗帘效果

选择矩形工具，绘制一个高755px、宽403px的矩形，填充颜色（R：26，G：100，B：103），添加图层样式，选择斜面和浮雕，样式为枕状浮雕，方法为雕刻清晰，深度为84%，方向为下，大小为1px，软化为4px，角度为147度，高度为30度；设置光泽等高线，编辑等高线输入40%、输出47%；高光模式为线性减淡（添加），颜色（R：248，G：144，B：22），不透明度70%，阴影模式不透明度17%。继续添加渐变叠加，设置渐变颜色（R：14，G：89，B：94）和颜色（R：5，G：43，B：46），将这两个颜色交错排开，见图8-29。

> **随堂记**

> **小技巧**
>
> PS形状工具中的填充包括无颜色、纯色、渐变、图案等四种方式。
> （1）无颜色填充：不填充颜色，即当前图层填充颜色设置为无的状态。
> （2）纯色填充：颜色为单色，在对话框的右上角可以进行自定义颜色设置。
> （3）渐变填充：用渐变的方式填充颜色（跟渐变工具基本相同）。
> （4）图案填充：用图案填充形状，可以根据需要调整图案的显示比例。

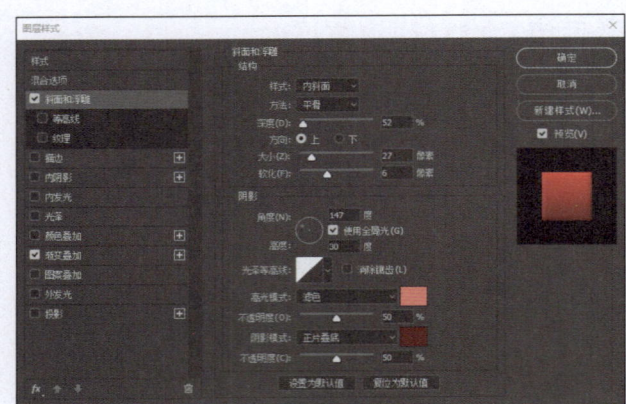

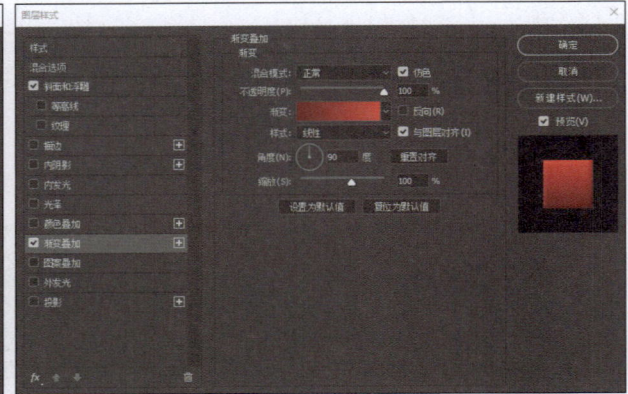

图8-28 缎带效果制作

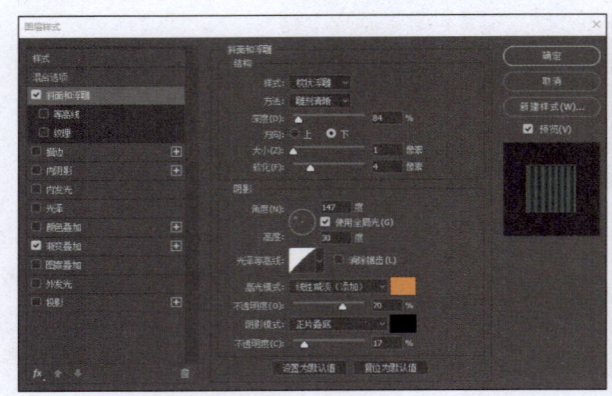

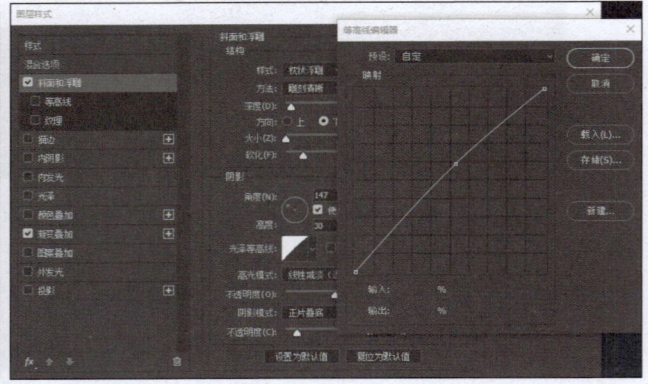

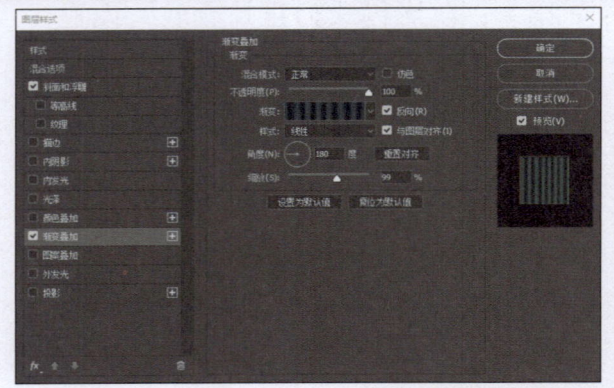

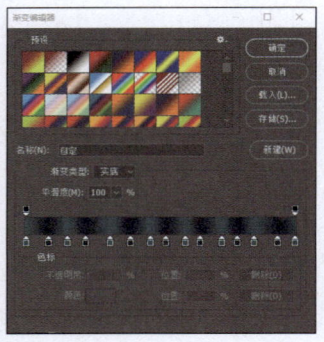

图8-29 窗帘效果制作

6．为窗帘添加阴影

新建图层，选择矩形选框工具，绘制一个细长的矩形，填充黑色，选择"滤镜"→"模糊"→"高斯模糊",将半径设为25px,移动阴影图层至窗帘图层后,见图8-30。

图8-30　窗帘阴影效果

7. 添加商品图片

导入月饼素材,放置在合适的位置,选择画笔工具,前景色改为黑色,画笔不透明度为50%,为素材添加阴影,见图8-31。

图8-31　添加商品图片

8. 文字设计与排版

(1)创建新组,将文件夹名称改为文字,选择文字工具,输入活动主题文字"中秋团圆季",字体选黑体,字体大小为132.73点,颜色(R:255,G:242,B:204),见图8-32。

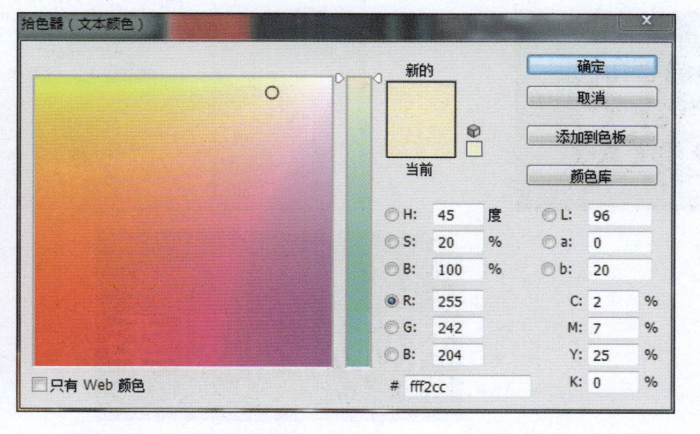

图8-32　标题文字

随堂记

触类旁通

PS中阴影的制作较为常用的方法有:①通过图层样式中的投影直接制作;②通过复制图形,填充黑色,加高斯模糊等操作;③用钢笔工具绘制阴影图形,之后加图层蒙版,用黑白渐变色制作出远淡近深的效果。

（2）为文字添加图层样式，选择投影，混合模式为正片叠底，颜色（R：7，G：53，B：56），不透明度44%，距离3px，大小5px，见图8-33。

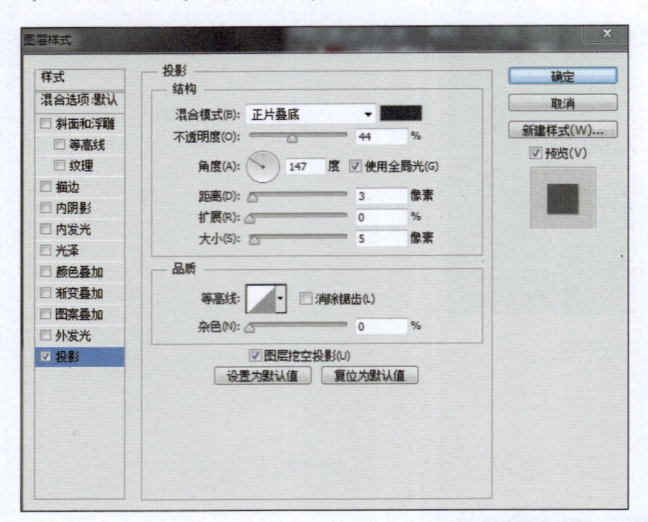

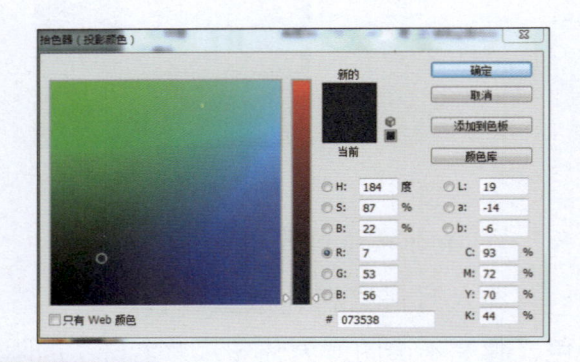

图8-33　为文字添加图层样式

（3）单击自定义形状工具，选择形状为花1，填充颜色（R：163，G：1，B：1），描边颜色（R：255，G：242，B：206），设置形状描边宽度2px，将绘制完的图形复制三个并对齐，见图8-34。

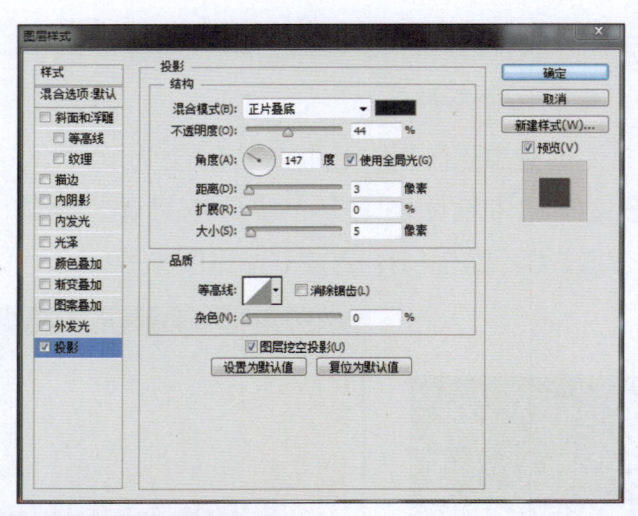

图8-34　绘制文字装饰图形

（4）输入文字"美食大促"，字体为黑体，字体大小为10.62点，字距为540，填充颜色（R：255，G：242，B：206），见图8-35。

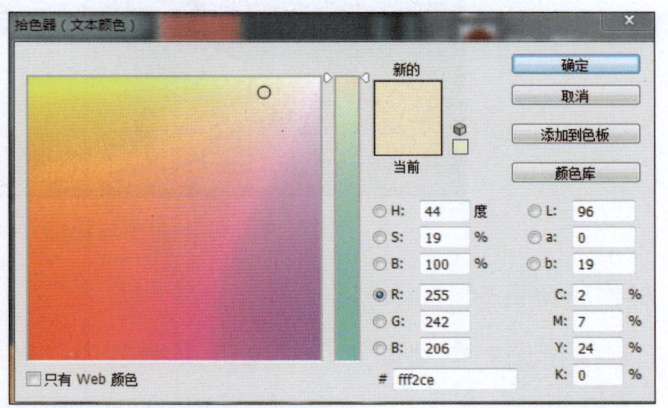

图8-35　文字效果

（5）选择圆角矩形工具，半径为50px，填充颜色（R：21，G：88，B：92），描边颜色（R：248，G：223，B：193），描边宽度为0.64点；输入文字"满300减80"，字体为黑体，字体大小为11.86点，字距为30，填充颜色（R：235，G：215，B：180），见图8-36。

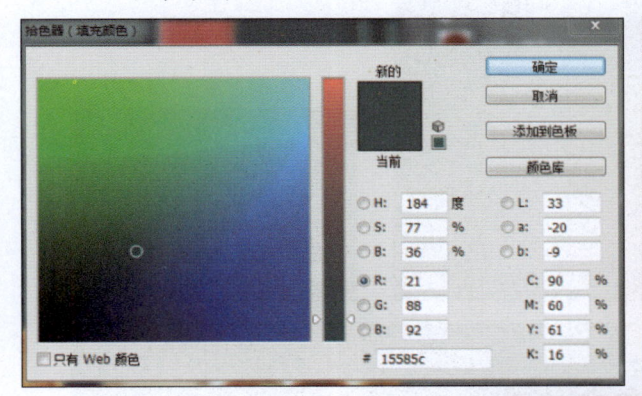

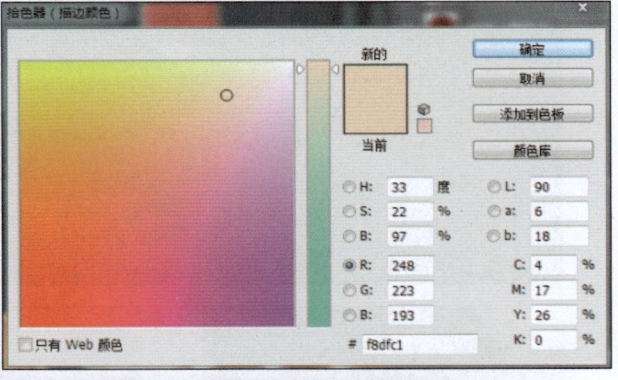

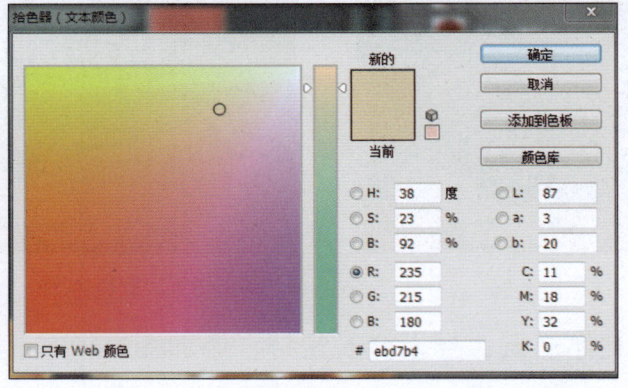

图8-36　文字设计与排版

图8-36 文字设计与排版（续）

9. 制作辅助图形

（1）制作折扇：创建新组，将文件夹命名为"辅助图形"，选择椭圆工具，绘制正圆形，填充颜色（R：224，G：42，B：41），添加图层样式，选投影，不透明度为80%，距离为3px，大小为98px。选择自定义形状工具，选择形状为靶标2，填充颜色（R：119，G：21，B：3），将两个图形中心对齐，选择靶标2图层，单击右键，选择"创建剪贴蒙版"，完成后将图形放置在合适的位置，见图8-37。

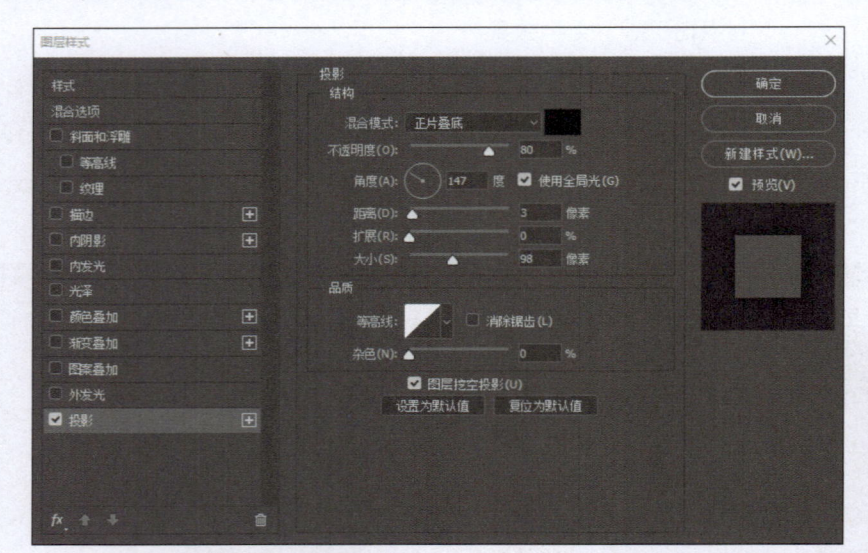

图8-37 折扇制作

（2）制作祥云：导入祥云素材，添加图层样式，选择渐变叠加，将渐变颜色改为"金色（R：250，G：226，B：163）—白色（R：255，G：255，B：255）—金色

（R：250，G：226，B：163）"的渐变色，将祥云复制多个，放置在合适的位置，见图8-38。

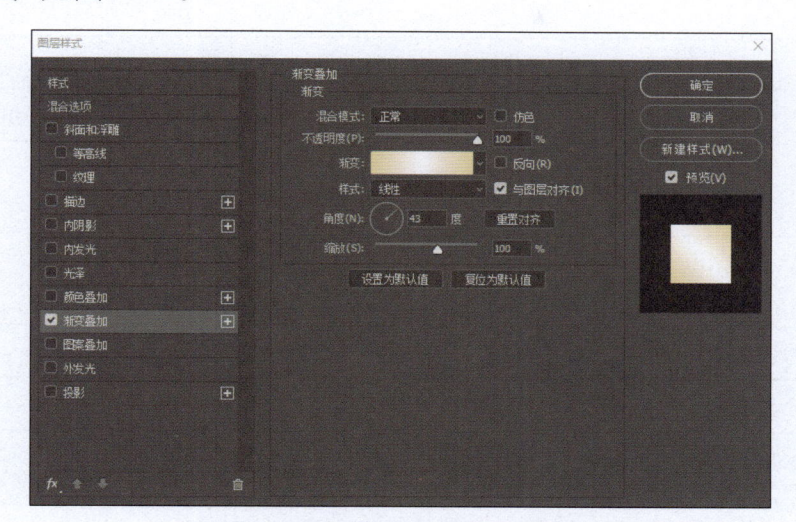

图8-38　最终完成效果

举一反三

"陶陶居"将推出春季新品菜式，现需制作首焦海报以扩大宣传和推广。设计师与客户沟通后得到以下需求信息，见表8-4。

表8-4　陶陶居客户需求信息

项目	客户反馈
消费人群	普通家庭与个人
食品特点	中式菜品
关键信息	百年老字号、春季新品
版面效果	新中式风
配色	中式传统配色
尺寸与质量	宽1920px，高960px，分辨率72dpi

请根据以上客户反馈信息，为陶陶居制作海报（客户提供的菜品图见资源包）。

任务评价

评价项目	评价内容	评价方式		
		自我评价（30分）	小组评价（30分）	教师评价（40分）
职业素养（分值占比50%）	能自觉遵守规章制度，出色完成工作任务			
	有团队合作意识，协作沟通能力强			
专业能力（分值占比50%）	符合活动主题要求			
	中式元素的应用			
	文字排版与设计			
	色彩搭配			
	海报完成度			
	评分合计			
综合评价：					

项目总结

网店首焦海报是网店首页的焦点广告海报，它的作用是吸引用户的注意力，引导用户浏览网店的产品和服务，提高用户的购买欲望，从而增加网店的销售量。制作网店首焦海报时需要注意以下原则：

（1）首焦海报主要通过图片的形式传达信息，所以在图片的选择上要有一定的吸引力，高品质的产品场景图比纯色背景图或纯文字图更有利于提高点击率。

（2）海报上的品牌标识和产品信息要保证清晰且易于识别，让用户一眼就能分辨出品牌。

（3）海报的内容要简洁明了，避免过多的文字和图片，文案可以选择热点节日词、品牌词、促销词汇等，其点击率会有显著的提升。

（4）可以在海报中将人像与产品搭配，能够更直观地呈现产品效果，模特数量最好不超过3个。

项目九

综合实战——首页整体效果图设计

项目简介

本项目重点围绕数码产品、母婴产品及化妆品的首页设计与制作展开学习。在综合实战中，分别完成了网站首页、网店首页及无线端首页的设计三个任务。首页内容主要围绕618年中大促、双十一等活动展开，目的是使学生掌握网站首页的组成及布局，明确美工岗位的任务及职责，熟悉网店的常见活动类型，以及无线端首页布局、常用的图片类型及规格等。

项目目标

- 能读懂客户反馈信息。
- 能根据客户反馈信息进行网站首页、PC端活动首页、无线端活动首页设计。
- 掌握不同类目产品的网页色彩搭配规律。
- 能够结合活动主题进行活动首页氛围营造。
- 能综合应用Photoshop制作完整页面。
- 培养综合运用所学知识、技能和经验，进行全面思考、分析、实践和创新的能力。

任务一　数码产品类网站设计

任务介绍

本任务是为数码产品类网站设计制作首页。通过本任务的学习，学生应能运用合理的排版布局，设计出具有网站特色的首页。在制作过程中，用到较多的知识点是矩形形状的绘制与复制、对齐等操作，剪贴组的使用，文字的字体、大小以及颜色的灵活变化等。同时，还要能通过绘制不规则形状、修改不透明度等操作来完成不同分区的背景底纹。

任务描述

"数码生活商城"主营手机通信、计算机配件、数码摄影三大类的主流品牌产品,现需要对该网站首页进行全面改版。设计师和客户沟通后得到需求信息,见表9-1。

表9-1 "数码生活商城"客户需求信息

项目	客户反馈
网站名称	数码生活商城
主营产品	手机通信、计算机配件、数码摄影
整体风格	大气、简约、突出产品品质、体现科技感
广告产品	手机
商品分类	手机通信、计算机整机、摄影摄像、DIY组装机、智能设备、生活家电
网站要求	便于浏览、方便客户快速找到需要的产品、突出网站活动和优惠
消费者保障	先行赔付、正品保障、无忧退换、发票保障、快递包邮、急速发货

同时,客户提供了主要产品照片、价格、相关参数(店铺活动内容等信息见资源包)。

任务实施

网站首页是一个网站的入口页面,一般被认为具有目录性质。因此,网站首页应该易于消费者了解该网站主营产品、整体风格等信息,可读性强、便于阅读,并引导消费者浏览网站其他部分的内容。

第一步 网站首页设计思路分析

设计师针对客户需求信息表对网站首页进行如下规划。

1. 首页布局

(1)首页自上向下共分为六大版块:顶部、导航区、广告区、活动区、分类区以及底部。网站首页整体效果及页面布局见图9-1。

(2)顶部、导航区、广告区采用半透明不规则三角形叠放背景,搭配数码产品的金属质感,营造大气、时尚的氛围。

(3)活动区商品分类尽量细化,方便顾客快速找到需要的产品,再搭配几款主推产品和店铺主要活动,采用拼图的形式进行排版。

(4)分类区按照产品分为三个模块:1F、2F、3F。每个模块都有相应的活动区、热门推荐产品、细化的分类选项,方便顾客了解优惠活动、热销产品,根据产品分类、产品品牌等多种浏览习惯进行阅读。

（5）底部展示消费者保障、购物须知等内容，体现网站的资质和服务。同时，针对目前手机端成交远高于PC端的特点，可用二维码引导顾客下载数码生活商城APP，对手机端应用进行推广。

图9-1　网站首页布局

2．网站配色

由于本网站经营的主要是数码产品，所以采用的是蓝白色调系列，再加上橘、红、黄色的搭配，既能体现出产品的高端品质及科技感，又使画面更加富有生气，给人一种朝气蓬勃、与时俱进的感觉。

3．技术处理

本任务中使用较多的知识点包括以下几个：

（1）绘制大小不同的矩形做基底层，创建剪贴组，如顶部、导航区、广告区效果的制作，就是将半透明不规则三角形和这三个区域不同的小的矩形创建为剪贴组。

（2）利用"钢笔"工具绘制不同的形状，填充不同的颜色，通过修改不透明度等参数，完成不同的背景制作，如顶部、导航区、广告区的半透明三角形绘制及1F、2F、3F的活动区三角形绘制。使用钢笔工具精抠图片的过程非常考验耐心与细心，同学们应当将一丝不苟、精益求精的工匠精神融入每一步操作、每一个环节，做出打动人心的产品效果，给客户无可挑剔的体验。

（3）利用图层样式制作文字的渐变、投影等效果。

（4）利用图层蒙版对产品进行抠图。

（5）通过文字的字体、大小及颜色的灵活应用，对每个区域进行有效的排版和布局。

第二步 操作实施

设计师与客户沟通设计思路后形成可行的实施方案，以下为操作步骤。

一、新建文件

新建文件，名称为"数码网站首页"，设置尺寸为1600px×3186px，背景为白色，其他取默认值。

二、顶部制作

1．三角形纹理制作

（1）绘制矩形形状，大小设为1600px×110px，无描边，蓝色填充：#1e9ae4。

（2）使用"钢笔"工具绘制不规划三角形形状，无描边，蓝色填充：#1a8de1，并创建剪贴组。

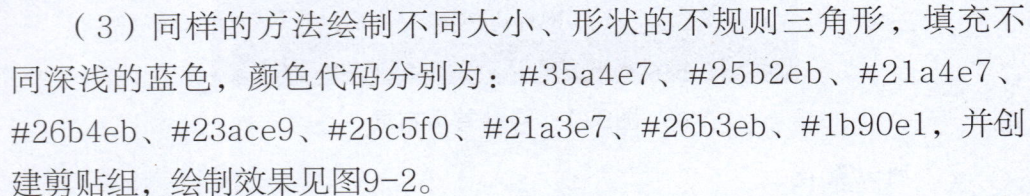

（3）同样的方法绘制不同大小、形状的不规则三角形，填充不同深浅的蓝色，颜色代码分别为：#35a4e7、#25b2eb、#21a4e7、#26b4eb、#23ace9、#2bc5f0、#21a3e7、#26b3eb、#1b90e1，并创建剪贴组，绘制效果见图9-2。

操作视频26：数码产品类网站顶部

图9-2 顶部三角形纹理制作效果

2．Logo制作

（1）通过椭圆形选区相减，完成月牙形状选区的绘制，填充黑色。

（2）为形状添加斜面和浮雕及颜色叠加效果，参数设置见图9-3和图9-4。

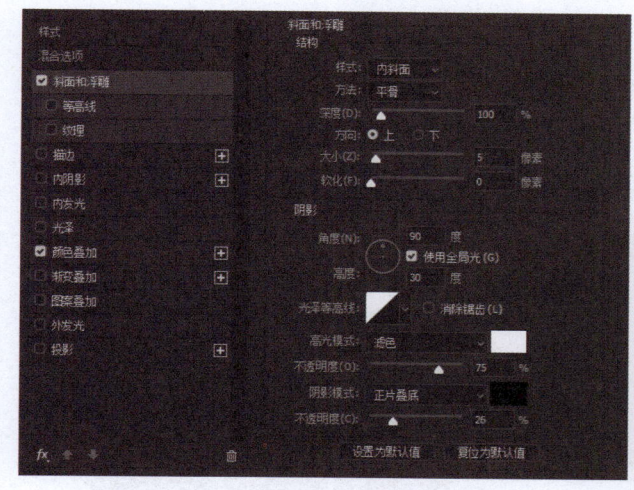

图9-3　斜面和浮雕参数设置　　　　　图9-4　颜色叠加参数设置

> 💡 **小技巧**
>
> 　　蓝色矩形在作为顶部背景的同时，作为剪贴组的基底层可以控制所绘制的三角形纹理的边缘区域；对于所绘制的三角形，通过改变其不透明度，也可以达到不同的颜色效果。
>
> 　　通过添加"斜面和浮雕"图层样式，可以为绘制对象创建立体效果，而"颜色叠加"样式的设置，可以创建不同的颜色效果。

（3）通过旋转复制、更改叠加颜色，完成Logo的制作，见图9-5。

图9-5　完整Logo效果

> 📗 **小贴士**
>
> 　　图形的旋转复制操作具体如下：
> 　　（1）变形：按组合键<Ctrl+T>，设置旋转中心、旋转角度及缩放比例等。
> 　　（2）复制并重复操作：按<Ctrl+Alt+Shift+T>组合键进行复制。

三、导航区制作

1. 背景纹理制作

（1）绘制矩形形状，大小设为1600px×40px，无描边，深灰色填充：#2e3135。

（2）使用"钢笔"工具绘制多个不规则三角形，分别为黑色和白色填充，调整各个三角形不同的透明度，并创建剪贴组。绘制效果见图9-6。

操作视频27：数码产品类网站导航

图9-6　导航区三角形纹理

2. 右侧红色部分制作

（1）使用"钢笔"工具绘制红色区域路径，见图9-7。

（2）单击图层面板底部的"创建新的填充或调整图层"按钮，选择"渐变"，在"渐变填充"对话框中设置为"#fa2c2d"到"#c50404"的线性渐变，对话框见图9-8。

图9-7　红色区域路径　　　　图9-8　"渐变填充"对话框

（3）同样使用"钢笔"工具绘制两个类似的形状图层，颜色分别为"#e01819"和"#490403"，制作红色部分的阴影，并将以上各层创建为剪贴组。效果见图9-9。

图9-9　红色区域完成效果

3. 输入文字，绘制心形等图标

（1）输入"首页""手机""计算机整机""笔记本电脑""平板电脑"等文字，"消除锯齿"选项选择"无"，在深色背景上能够凸显出来。

（2）利用"自定形状"工具完成"心形""房子"两个图标的绘制。导航区局部效果见图9-10。

图9-10　导航区局部效果图

四、广告区制作

（1）绘制矩形形状，大小设为1600px×450px，无描边，蓝色填充：#0c53bb，作为整个广告区剪贴组的基底层。

（2）背景纹理绘制径向渐变的矩形，以及不同透明度和不同形状的白色三角形。效果见图9-11。

（3）将"手机"素材图片置入到文件中，使用"魔棒"工具选择素材白色背景，创建选区，添加蒙版，实现抠图效果。

图9-11 广告区背景图

（4）利用"矩形"工具绘制红色矩形，并输入广告区文字，设置合适的字体、字号、颜色，完成广告区制作。效果见图9-12。

图9-12 广告区效果图

五、活动区及分类区制作

1. 整体背景制作

（1）绘制白色矩形形状，大小为1200px×2713px，同背景层水平居中对齐。

（2）获取白色矩形选区，设置羽化值：15～20，在白色矩形图层下面新建图层，添加黑白线性渐变，为白色矩形创建阴影效果。效果见图9-13。

（3）利用"钢笔"工具，分别绘制不同颜色的形状图层，制作矩形图层下方左右两侧的装饰效果，完成背景绘制。效果见图9-14和图9-15。

操作视频29：数码产品类网站背景

图9-13 添加的阴影效果图　　图9-14 矩形左侧装饰 　　图9-15 矩形右侧装饰

2. 商品分类列表制作

（1）利用"矩形"工具，绘制商品分类列表背景。

（2）同样使用"矩形"工具，绘制两条细线，制作分类中的分割线条效果，并复制多条分割线。效果见图9-16。

操作视频30：数码产品类网站分类列表

（3）输入文字，宋体、白色、14点，消除锯齿的方法：无。效果见图9-17。

图9-16　商品分类列表背景及分割线 　　图9-17　商品分类列表整体效果

操作视频31：数码产品类网站活动专区

3．活动专区制作

（1）背景：利用"矩形"工具绘制各个活动专区背景区域，并利用"渐变"工具填充相应的背景色。

（2）抠图：由于所提供素材、背景均为白色，可置入图片后，使用"魔棒"工具选择白色背景区域，添加黑色蒙版，完成不同图片的抠图效果。

（3）阴影：为了增加产品的立体感，可在产品的相应位置，通过柔角画笔，绘制与背景色相近的区域，作为相应产品的投影，如"5折优惠购买"区的各个产品。

（4）投影：手机的镜面投影，可通过复制图层、垂直翻转、降低不透明度等操作完成，并通过图层蒙版控制其显示区域。

（5）在不同的位置输入文字，并设置文字的属性。活动专区效果见图9-18。

图9-18　活动专区效果

4. 今日推荐制作

（1）使用"矩形"工具绘制各个背景色块。

（2）输入文字并设置文字属性。

（3）使用"自定形状"工具，绘制"时钟"效果。今日推荐区效果见图9-19。

图9-19 今日推荐区效果

5. 分类区制作

对于分类区，只对手机通信类左侧的活动区背景的制作加以说明。

（1）绘制蓝色矩形形状作为背景，同时作为剪贴组的基底层，颜色：#2e84ee，大小为360px×420px。

（2）绘制多个宽度不同的白色矩形形状，降低其不透明度，并以上面创建的蓝色矩形作基底层，创建剪贴组，效果见图9-20。

（3）绘制大小、颜色不同的圆，并且创建剪贴组，效果见图9-21。

图9-20 绘制线条效果图　　图9-21 绘制不同的圆形效果图

（4）选择"自定形状"工具，绘制矩形平行线条，效果见图9-22。

（5）再次选择"椭圆"工具，并在选项栏中选择"与形状区域相交"命令，绘制圆形，参数及效果见图9-23、图9-24。

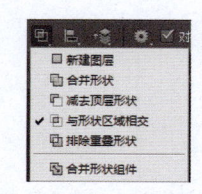

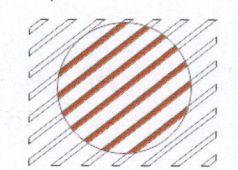

图9-22 矩形平行线效果　　图9-23 选项栏参数　　图9-24 取交集后的效果

（6）绘制大小、颜色不同的自定形状，效果见图9-25。

（7）用"钢笔"工具绘制不同的三角形状，设置不同的填充色，效果见图9-26。

图9-25　自定形状绘制效果　　　　　图9-26　绘制不同三角形状后的效果

六、底部制作

（1）绘制不同大小的矩形形状，填充相应的颜色，作为底部背景。

（2）设置不同的字体、大小及颜色，输入相应的文字。

（3）运用"椭圆"工具设置相应的描边大小及颜色（无填充色），完成相应的圆形绘制。

（4）通过复制等操作，完成数码商城底部的制作。效果见图9-27。

操作视频34：数码产品类网站底部

图9-27　网站底部效果

七、保存文件

（1）按组合键<Ctrl+S>保存文档为PSD格式。

（2）按组合键<Ctrl+Shift+S>保存文档为JPEG格式。

举一反三

随着电子商务的不断发展，某数码企业为了扩大经营，需要制作网上购物独立网站，现需要对网站首页进行设计。设计师与客户沟通后得到需求信息，见表9-2。

表9-2　某数码企业网店客户需求信息

项目	客户反馈
网站名称	黑色科技
主营产品	手机配件、小型家电、计算机配件

（续）

项目	客户反馈
整体风格	大气、简约、突出产品品质、体现科技感
广告产品	游戏便携式计算机
商品分类	手机通信、计算机整机、摄影摄像、DIY组装机、智能设备、生活家电
网站要求	便于浏览、方便客户快速找到需要的产品、突出网站活动和优惠
消费者保障	先行赔付、正品保障、无忧退换、发票保障、快递包邮、急速发货

请根据以上客户需求信息，为该网站进行首页模块布局设计（绘制页面布局草图，参考图9-1）。

任务评价

评价项目	评价内容	评价方式		
		自我评价（30分）	小组评价（30分）	教师评价（40分）
职业素养（分值占比50%）	能自觉遵守规章制度，出色完成工作任务			
	有团队合作意识，协作沟通能力强			
专业能力（分值占比50%）	页面元素完整			
	页面布局合理、美观			
	页面配色准确			
	制作效果好			
	评分合计			

综合评价：

任务二 母婴产品类双十一首页设计

任务介绍

本任务是设计制作母婴产品类网店的首页。通过双十一活动的首页改版设计，学生应明确活动的常见表现手法、促销手段等。在制作过程中，用到较多的知识点仍然是矩形形状的绘制与复制、对齐等操作，图层蒙版、剪贴组的使用，文字的字体、大小及颜色的灵活变化等，以及不同背景的绘制和图层样式的运用等。

任务描述

"爱贝贝"是一家经营多年的母婴产品类网店。双十一即将来临，需要对店铺首页进行改版，营造双十一网购狂欢节节日气氛。设计师与客户沟通后得到需求信息，见表9-3。

表9-3 "爱贝贝"网店客户需求信息

项目	客户反馈
店铺定位	母婴类产品天猫店铺
店铺特色	品类全、品牌多、品质保证、100%正品
主营产品	奶粉、服饰、奶瓶、纸尿裤、洗护用品、宝妈用品
消费人群	以宝妈为主的带娃族
营造氛围	好礼送不停、购物大狂欢、母婴囤货节
店铺活动	优惠券、买就送、超值推荐、双十一特惠单品
整体尺寸	宽为1920px，高自定义

同时，客户提供了双十一店铺活动内容（主要产品照片、价格、超值推荐产品等信息见资源包）。

任务实施

第一步 网店首页设计思路分析

1. 首页布局

（1）本网店首页自上向下共分为五大版块：店招、导航区、广告区、活动区及底部，其中活动区又进一步细分为优惠券活动区、礼品区、超值推荐区及特惠专区四种促销活动分区。

（2）因为是迎接双十一的活动，所以网店首页以活动区为主体，为了营造节日气氛，分别在店招、导航区等区域添加了双十一活动链接，在广告区推出了主打产品，在活动区设置了双十一活动口号，甚至在特惠专区进行了主图打标。

（3）关于各种活动的文字表述清晰、不模糊、无歧义，可以让客户无忧购物，不会被欺骗。

（4）为了迎合活动区口号，在网页的各个区域都放置了礼物盒图标。网站首页整体效果及页面布局见图9-28。

图9-28　网店首页布局

> **小贴士**
>
> 常见的促销手段包括：优惠券、满额赠、爆款单品、限时抢购、打折扣、幸运抽奖、买赠、包邮、主图打标等。还可以在店招、广告区、首页、详情页、主图，以及无线端的店招、首页等设置直通车、钻石展位、推广图片制作等。

2. 网店首页配色

由于网店经营的是母婴产品，所以采用的是纯度较高的多种颜色的搭配，既给人一种母亲般温馨、安全的感觉，又体现出婴儿般活泼、生动的气息，更要给顾客营造一种喜庆、热烈的节日气氛及可信赖感。

3. 技术处理

本任务中涉及以下几个较常用的技术处理方法：

（1）利用波浪滤镜快速制作波浪线效果。

（2）利用矩形的变形及颜色亮度的变化，制作立体图形效果，如"购买即送精品好礼"礼品展台制作。

（3）通过图形的旋转、复制与变形及<Ctrl+T><Ctrl+Alt+T><Ctrl+Alt+Shift+T>等快捷操作，快速对图形进行连续变形及复制操作，如广告区的光射线制作。

（4）利用"图层样式"的"混合选项"进行抠图，如广告区白云图层的抠图效果。

第二步 操作实施

设计师与客户沟通设计思路后形成可行的实施方案，以下为操作步骤。

一、新建文件

新建文件"母婴双十一.psd"，设置自定义尺寸为1920px×5226px，其他取默认值。

二、添加辅助线

分别在横坐标360px、465px、1455px、1560px处拖动四条垂直辅助线。

> **小贴士**
>
> 通常，淘宝首页宽度为950px，天猫首页宽度为990px，为了美观，一般都将首页设为全屏宽度1920px。为了兼容不同分辨率的显示器，通常将网页的有效范围设置在990px～1200px，店招及导航条的宽度设为990px。

三、店招制作

1. 背景制作

（1）绘制矩形形状，大小设为1920px×120px，无描边，玫红色填充：#ff426a。

操作视频35：母婴产品类双十一首页设计新建文件

操作视频36：母婴产品类双十一首页设计店招

（2）使用"钢笔"工具依次绘制三个不同形状的三角形，无描边，黄色填充：#fdc901，并同上面的矩形创建剪贴组。

2. 网店Logo的制作

（1）用"自定形状"工具绘制两个大小不同的心形形状，无描边，白色填充：#ffffff。

（2）获取两个形状的交集选区，创建新图层，填充与矩形形状相同的背景色：#ff426a；链接三个图层，完成效果及图层效果见图9-29和图9-30。

图9-29　心形效果图

图9-30　图层效果

（3）"爱贝贝"：华康娃娃体W5，40点，白色，平滑。

（4）"LOVE BABY"：华康龙门石碑体W9，20点，白色，平滑。

（5）"有爱相伴，为爱而生"：黑体，14点，白色，平滑。

3. 素材的添加

（1）置入相应的图片素材，缩放至合适的大小，通过图层蒙版完成抠图，注意它们的摆放位置及图层顺序。

（2）相关图层进行链接。

4. 文字的输入

（1）"钜惠双十一"：华康海报体W12，34点，红色：#f20124，平滑。

（2）"母婴囤货大作战"：华康海报体W12，34点，红色：#f20124，平滑。

5. 其他

（1）渐变矩形条的绘制：绘制矩形，填充白色透明线性渐变，效果及参数设置见图9-31和图9-32。

图9-31　渐变矩形条效果图

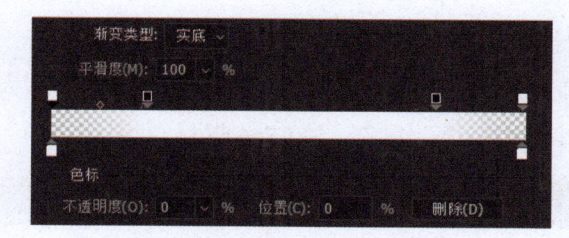

图9-32　渐变填充参数设置

（2）"正""藏"字背景制作：

1）绘制矩形形状，大小为32px×32px，无描边，蓝色填充：#2e68af。

2）创建图层，绘制矩形形状，大小为30px×30px，无填充色，描边颜色为灰—白—灰的线性渐变，描边宽度为1px。

3）分别输入文字"正""藏"，设为黑体，19点，白色，平滑。

（3）"正品保障""Genulne""收藏我们""Book Mark"：黑体，14点，白色，平滑。

（4）链接相应的图层。

> **小贴士**
>
> 不同图层对象的交集选区的创建：
> （1）按<Ctrl>键，同时单击图层缩略图，获得一个图层的选区。
> （2）按<Ctrl+Alt+Shift>组合键，同时单击另一图层缩略图，获得两个图层对象的交集选区。

> **小技巧**
>
> 通过对多个图层设置链接，可以把它们作为一个整体，以便调整它们的大小，保证这几个图层上的图形对象的相对位置不变、缩放比例相同。

四、导航区制作

（1）绘制矩形形状，大小设为1920px×30px，无描边，蓝色填充：#2697f7。

（2）绘制矩形形状，大小设为217px×40px，无描边，紫色填充：#a10cb7。

（3）置入素材文件001，通过选区工具获取"双11全球狂欢节"文字选区，并调整至合适的大小及位置，创建图层，填充白色，并删除素材文件。

操作视频37：母婴产品类双十一首页设计导航区

（4）输入导航条中的文字："所有商品""首页""贝亲专场"……设为宋体、14点、白色填充，消除锯齿选项选择"无"。

（5）在文字"首页"的位置绘制矩形形状，大小为58px×30px，玫红色填充：#f81131，无描边，并调整图层顺序。

（6）在文字"关注我们"的位置绘制矩形形状，大小为95px×30px，黄色填充：#f0ff00，无描边，并调整图层顺序。导航条整体效果见图9-33。

图9-33　导航条整体效果

五、广告区制作

1. 背景制作

（1）在导航条下方绘制矩形形状，蓝白线性渐变填充，大小为1920px×715px。

（2）打开素材文件006，将之复制到当前图层之上，调整至合适的位置并创建剪贴组。

（3）双击图层缩略图，打开"图层样式"对话框，在"混合颜色带"下拉列表中选择蓝色，按住<Alt>键向左拖动本图层右侧的滑块，使本图层的蓝色变浅，同下层融为一体，参数设置见图9-34，混合效果见图9-35。

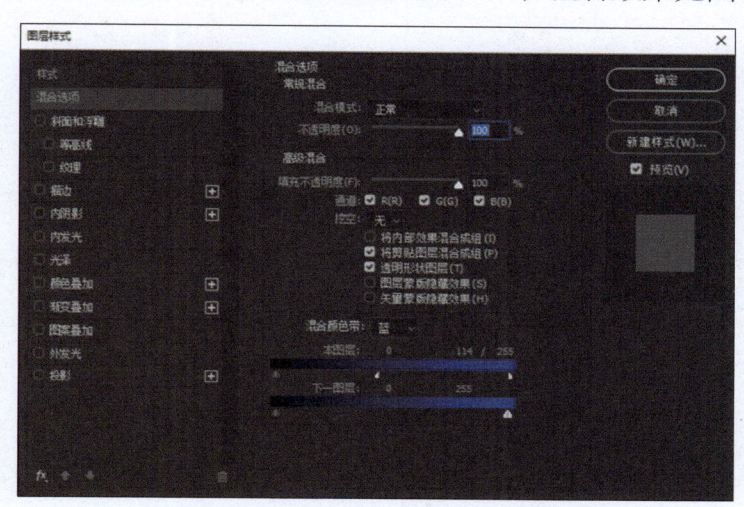

图9-34　图层混合参数设置

图9-35　图层混合效果

（4）新建图层，绘制矩形选区，填充白色，旋转并复制白色矩形，生成放射状效果，设置图层的不透明度为66%，创建剪贴组，绘制效果见图9-36。

（5）使用"钢笔"工具绘制不同的形状，填充不同的颜色，完成效果见图9-37。

图9-36　白色矩形呈放射状效果

图9-37　绘制不同的形状效果

操作贴士

在对矩形条做旋转复制时，按组合键<Ctrl+Alt+T>，可以将矩形条原位复制，并可调整其旋转中心及旋转角度，按住<Alt>键可精确拖动中心点至合适位置，按组合键<Ctrl+Alt+Shift+T>可重复操作。

2．文字的输入

（1）"好礼送不停点亮11.11"：设为华康海报体W12、110点、白色、平滑，设置外发光效果。

（2）"全店满599减50上不封顶"：设为华康娃娃体W5、36点、黄色：#f7ec09、平滑，并复制上面的外发光图层样式。文字效果见图9-38。

3．素材的添加

（1）用"钢笔"工具绘制多个不规则形状，黄色填充：#f9c401，添加相同的投影，效果见图9-39。

图9-38　输入文字后的效果　　　　图9-39　绘制不规则形状

（2）置入相应的素材文件，调整至合适的大小及位置，通过图层蒙版完成抠图，注意图层的顺序。选用素材图片时，应注意不能出于商业目的，随意去掉图片水印从而滥用网上图片。网上水印图片属于以水印方式进行署名的署名图片，著作权人以外的人以裁掉水印方式下载使用这些图片构成侵权，因此同学们应时刻树立诚信守法的思想意识。

（3）使用"椭圆"工具绘制大小不同的圆，填充不同的颜色，无描边。广告区最终完成效果见图9-40。

图9-40　广告区最终效果

操作视频40：母婴产品类双十一首页设计优惠券

六、活动区制作

（一）优惠券活动区制作

1．背景制作

（1）绘制矩形形状，大小为1920px×540px，黄色填充：#fecc0d，并通过添加锚点，调整形状，完成效果见图9-41。

图9-41　绘制矩形形状效果

（2）复制该图层并进行栅格化处理，再添加波浪形扭曲滤镜，参数设置见图9-42。向下移动图层对象至合适位置后，合并图层，添加投影效果，投影颜色为暗红色：#cc2147，其他参数设置及完成效果见图9-43和图9-44。

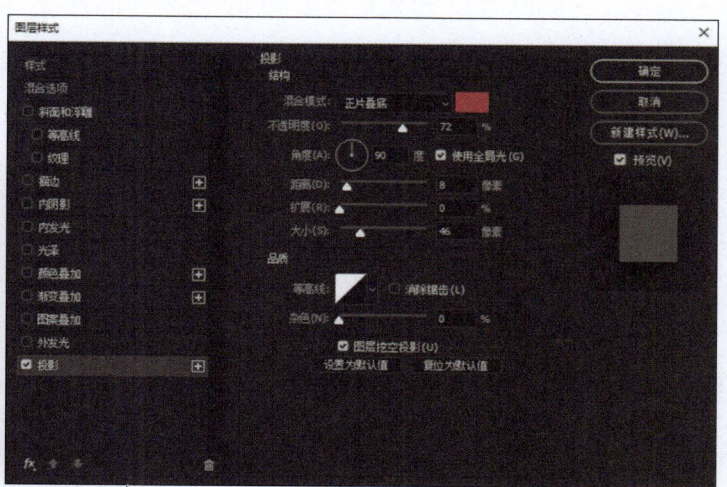

图9-42　"波浪"滤镜参数设置　　　　图9-43　添加投影效果参数设置

图9-44　添加投影后效果

> **小技巧**
>
> 绘制矩形形状后，选中路径，通过"钢笔"工具添加锚点，调整锚点位置，可以使图形产生变形效果。

2．优惠券制作

（1）新建图层，创建矩形选区大小为370px×145px，填充白色。

（2）选择选区选项栏中"与选区交叉"按钮后，创建适当大小选区，填充颜色：#da5a06。

（3）选择"橡皮擦"工具，按功能键<F5>打开"画笔"对话框，调整笔触大小及间距后，按住<Shift>键沿矩形块向右侧拖动，完成优惠券右侧锯齿的绘制。

（4）输入文字，并设置相应的字体、大小及颜色。

（5）绘制矩形路径，大小为360px×15px，选中路径，添加锚点，修改路径形状，效果见图9-45。

（6）将路径转换为选区，设置羽化值为5，创建图层，填充黑色，设置图层的不透明度为40%，完成优惠券阴影的制作，效果见图9-46。

图9-45　修改路径形状

图9-46　优惠券阴影效果

（7）调整图层及图层对象的位置，优惠券整体制作效果见图9-47。

（8）以同样的操作，完成其他优惠券的制作。

3. 其他文字的输入

图9-47　优惠券整体制作效果

"先领券再购物"：设为华康海报体W12，67点，深红色：#da5a06，平滑，添加白色描边及投影。

> **小技巧**
>
> 通过绘制选区、羽化、填充颜色、设置不透明度，手动完成阴影效果的制作，从而达到事半功倍的效果。

操作视频41：
母婴产品类
双十一首页设计
礼品区

（二）礼品区制作

1. 背景制作

（1）绘制矩形形状，大小为1920px×730px，填充玫色：#ffaa2b7。

（2）复制该图层并进行栅格化处理，再添加波浪形扭曲滤镜，向下移动图层对象至合适位置后，合并图层，添加投影效果，投影颜色为深蓝色：#056cc4。背景效果见图9-48。

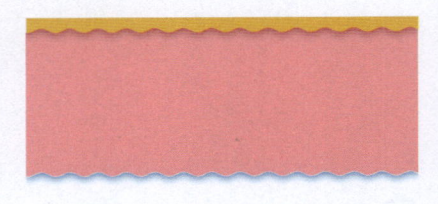

图9-48　礼品区背景效果

2. 形状绘制

（1）绘制矩形形状，大小为390px×55px，填充紫红色：#db284e，无描边。

（2）复制该图层，调整图层对象的位置，透视变形，并修改填充色：#ff426a，完成商品展台制作，效果见图9-49。

（3）通过复制等操作，完成其他两组商品展台的制作。

（4）绘制圆角矩形形状，大小为350px×50px，圆角半径为10px，红色填充：#ff426a。

（5）为圆角矩形形状添加描边、渐变叠加及投影等图层样式，效果见图9-50。

图9-49　商品展台效果　　　　　　图9-50　圆角矩形制作效果

（6）通过复制等操作，完成其他两组圆角矩形的制作。

3．礼品的添加

置入相应的素材文件，调整至合适的大小及位置，通过图层蒙版完成抠图。

4．文字的输入

（1）"婴儿护理湿巾80抽×1包""软胶沙滩玩具10件套装""婴儿洗衣液1.2L×3瓶"：设为黑体，33点，白色，平滑。

（2）"单笔订单实付满218元""单笔订单实付满438元""单笔订单实付满658元"：华康俪金黑体W8，34点，白色，平滑。

（3）"购买就送精品好礼"：华康海报体W12，67点，深蓝色：#6b448f，平滑，并添加大小为6px的白色描边。礼品区整体制作效果见图9-51。

图9-51　礼品区整体制作效果

（三）超值推荐区制作

1．背景制作

用礼品区背景制作的方法制作超值推荐区背景。

2．标题制作

（1）"超值推荐"：华康娃娃体W5，72点，火红色：#ff426a，平滑，并添加大小为3px的白色描边。

（2）"超值推荐产品不再参加其他双十一活动"：黑体，30点，纯黑色，平滑。

（3）"双11全球狂欢节"：同导航条中"双11全球狂欢节"的制作。

操作视频42：
母婴产品类
双十一首页设计
超值推荐区标题

（4）绘制圆角矩形形状，大小为750px×90px，圆角半径为10px，无填充，白色描边，大小为2px，栅格化矩形形状，并擦除部分区域，完成效果见图9-52。

图9-52　超值推荐区标题效果

3. 下部广告1区的制作

（1）绘制矩形形状，大小为590px×300px，无描边，淡粉色填充：#fef5f0。

（2）复制该图层，并将矩形形状原位缩小至565px×270px，作为剪贴组的基底层。

（3）用"钢笔"工具绘制不规则形状，填充线性渐变，并创建剪贴组。

（4）复制该图层，修改渐变填充颜色，调整至合适位置，创建剪贴组，见图9-53。

（5）置入相应的素材，缩放至合适的大小，调整位置，图层蒙版抠图，完成素材的添加。

（6）输入相应的文字，设置不同的字体、大小、颜色及图层样式等，完成广告1区的制作，效果见图9-54。

操作视频43：母婴产品类双十一首页设计　超值推荐区广告（1）

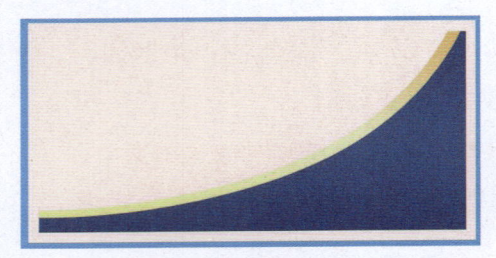

图9-53　广告1区背景效果

图9-54　广告1区整体制作效果

4. 下部广告2区的制作

（1）绘制矩形形状，大小为590px×300px，无描边，淡粉色填充：#fef5f0。

（2）绘制矩形选区，大小为565px×270px，填充径向渐变，效果见图9-55。

（3）继续绘制矩形选区，大小为565px×72px，填充径向渐变，创建剪贴组，效果见图9-56。

操作视频44：母婴产品类双十一首页设计　超值推荐区广告（2）

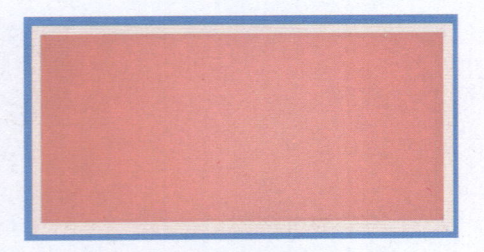

图9-55　广告2区背景效果（1）

图9-56　广告2区背景效果（2）

（4）创建白色矩形形状，设为半透明，复制若干个，对齐，平均分布后合并图层，并复制该图层，生成图层副本，对该图层创建剪贴组。

（5）选中图层副本，对其进行透视变形，创建剪贴组，效果见图9-57。

（6）置入相应的素材文件007、016、017，缩放至合适的大小，并调整其位置及图层顺序，通过图层蒙版完成抠图，完成效果见图9-58。

图9-57　广告2区背景效果（3） 　　图9-58　广告2区添加素材效果

（7）通过柔角画笔，在三个素材所在图层的下面为其绘制阴影，并创建剪贴组，效果见图9-59。

（8）为活动区添加文字，效果见图9-60。

图9-59　广告2区素材添加阴影效果 　　图9-60　广告2区添加文字效果

（9）使用圆形画笔，通过叠加完成白色云朵的绘制，并添加斜面和浮雕及阴影效果，再通过复制、缩放完成多个云朵的绘制，效果见图9-61。

（10）绘制两个相交的圆形形状，设置"与形状区域相交"完成月亮的绘制，并设置斜面和浮雕及投影样式，完成效果见图9-62和图9-63。

图9-61　广告2区添加云朵后效果

（11）使用"自定形状"工具及"矩形"工具完成五星形状的绘制，并设置斜面和浮雕及投影效果，参数设置同月亮，调整图层的顺序，并创建剪贴组。广告2区完成效果见图9-64。

图9-62　绘制月亮 　　图9-63　月亮的最终效果 　　图9-64　广告2区完成效果

> **小技巧**
>
> 为产品绘制阴影，可增强立体感，使效果更逼真。
> 一个基底层可以为多个连续的内容层创建剪贴组。

操作视频45：母婴产品类双十一首页设计 超值推荐区广告（3）

广告3区制作比较简单，这里不做说明，下面直接进入广告4区的制作。

5. 下部广告4区的制作

（1）绘制矩形形状，大小为590px×300px，无描边，淡粉色填充：#fef5f0。

（2）复制该图层，并将矩形形状原位缩小至565px×270px，作为剪贴组的基底层，填充蓝色线性渐变，背景效果见图9-65。

（3）置入木质素材文件028，栅格化图层，完成效果见图9-66。

图9-65　广告4区背景效果

图9-66　木质素材效果

（4）复制该图层，调整新图层对象的位置、透视变形，并对这两个图层创建剪贴组，效果见图9-67和图9-68。

图9-67　木质素材透视效果

图9-68　木质素材创建剪贴组后效果

（5）绘制蓝色矩形条，置入童车素材，缩放至合适大小，调整其位置，通过图层蒙版完成抠图，用柔角画笔绘制童车的阴影效果，并调整图层的顺序，完成效果见图9-69。

（6）添加其他素材，输入文字，设置相应的字体、大小及颜色，完成广告4区的制作，效果见图9-70。

图9-69　添加童车效果

图9-70　广告4区完成效果

项目九 综合实战——首页整体效果图设计 | 187

（四）特惠专区制作

（1）背景及顶部文字的制作与超值推荐区的制作相似。

（2）通过文字等工具完成一款主图的制作后，通过复制图层组，修改相应的产品素材及产品名称、价格等文字，即可完成其他主图的制作。

（3）通过选项栏中的"对齐""分布"按钮同样可以实现图层组的分布与对齐操作，见图9-71。

经验分享

通过曲线调整木质素材的明暗度，可使图像效果更逼真。

操作视频46：
母婴产品类
双十一首页设计
特惠专区

图9-71 特惠专区部分效果

七、底部制作

（1）新建图层，绘制矩形选区，填充相应的颜色。

（2）使用"文字"工具设置不同的字体、大小及颜色，完成文字的输入。

（3）使用"矩形"工具，完成矩形框的绘制，见图9-72。

操作视频47：
母婴产品类
双十一首页设计
底部及装饰

图9-72 底部效果图

八、礼盒的制作

（1）置入相应的素材文件，调整至合适的大小及位置，通过图层蒙版完成抠图。

（2）降低图层透明度，完成礼盒的添加，注意图层的顺序。

九、保存文件

（1）按组合键<Ctrl+S>保存文档为PSD格式。

（2）按组合键<Ctrl+Shift+S>保存文档为JPEG格式。

举一反三

某母婴类产品网站，需要在双十一活动期间对首页进行设计，营造购物狂欢节日气氛。设计师与客户沟通后得到需求信息，见表9-4。

表9-4　某母婴类产品网站客户需求信息

项目	客户反馈
店铺定位	母婴类产品天猫店铺
店铺特色	品类全、品牌多、品质保证，100%正品
主营产品	牙膏牙刷、洗护用品、婴幼儿服饰
消费人群	以宝妈为主的带娃族
营造氛围	给宝贝一个完美的童年
店铺活动	优惠券、满就送、限时抢购
整体尺寸	宽为1920px，高自定义

请根据以上客户需求信息，为该网站进行首页模块布局设计（绘制页面布局图，参考图9-28）。

任务评价

评价项目	评价内容	评价方式		
^	^	自我评价（30分）	小组评价（30分）	教师评价（40分）
职业素养（分值占比50%）	能自觉遵守规章制度，出色完成工作任务			
^	有团队合作意识，协作沟通能力强			
专业能力（分值占比50%）	页面元素完整			
^	页面布局合理、美观			
^	页面配色准确			
^	制作效果好			
评分合计					
综合评价：					

任务三
化妆品类618无线首页设计制作

任务介绍

随着移动设备的逐渐普及，无线端网购已经成为人们最主要的购物手段之一，因此本任务是通过制作618年中大促的网店首页装修，进一步掌握相关活动的页面布局及常用的促销手段，使整个无线端的页面设计既符合产品的特点，又能满足客户的夏日需求，更要达到网店的促销目的。在制作过程中，用到较多的知识点仍然是不同形状的绘制，图层的复制、对齐等操作；图层蒙版、剪贴组的使用；文字的字体、大小及颜色的灵活变化等；画笔及图层样式的运用等。

任务描述

某化妆品网店要在618年中大促中推出以防晒系列为主打的产品促销活动，为了配合618活动，需要对手机端首页进行设计。店主对美工提出设计要求：网店采用多种促销手段，让客户感受到实实在在的优惠；页面在保持清晰美观、方便客户浏览的同时，也要让客户感受到"丝丝凉爽"，从而提高购买率。设计师与客户沟通后得到需求信息，见表9-5。

表9-5　某化妆品网店客户需求信息

项目	客户反馈
店铺定位	美妆类产品手机端店铺
店铺特色	品类齐全，100%正品
主营产品	洁肤、护肤、彩妆、防晒等
消费人群	所有年龄段的爱美女性
营造氛围	夏日购物、清爽舒适、防晒主题
店铺活动	优惠券、"618"特惠单品、部分产品买三送一
店招尺寸	宽为750px，高为254px
首页整体尺寸	宽为608px，高自定义

同时，客户提供了618年中大促店铺活动内容（主要产品照片、价格等信息见资源包）。在应用案例素材图片进行设计的过程中，如果使用非原创素材图片（尤其是作为商用），使用之前必须取得权利人的书面授权，避免因知识产权侵权行为给自己带来不必要的麻烦。

任务实施

第一步 网店首页设计思路分析

设计师针对客户需求信息表进行设计思路分析：

1. 首页布局

（1）本网店将店招设计为750px×254px，首页设计为750px×5625px。

（2）本网店首页自上而下共分为四大版块：店招、首焦海报、活动区及底部。其中，店招单独作为一个文件，活动区又分为优惠券、特别推荐、防晒专区、买三送一四个促销区，每个活动分区都统一用醒目的拱形形状来突出主题，让人一目了然。首焦海报中"陪你度夏"四个字，给人一种温馨的感觉，让人情不自禁地进入购物状态；珊瑚、海螺等素材的添加，仿佛让人置身于海底世界，在炎炎夏日中绝对是一种享受。

（3）因为6月18日正处于夏日，又是一个电商盛会，所以本次活动主推防晒系列产品，采用了优惠券、买就送、主图打标等促销手段，无处不在的"618年中狂欢节"字眼更是在时刻提醒客户"买到就是赚到"。

（4）首页底部的制作效果，正好同店招做了首尾呼应。店招及无线首页整体效果及页面布局见图9-73。

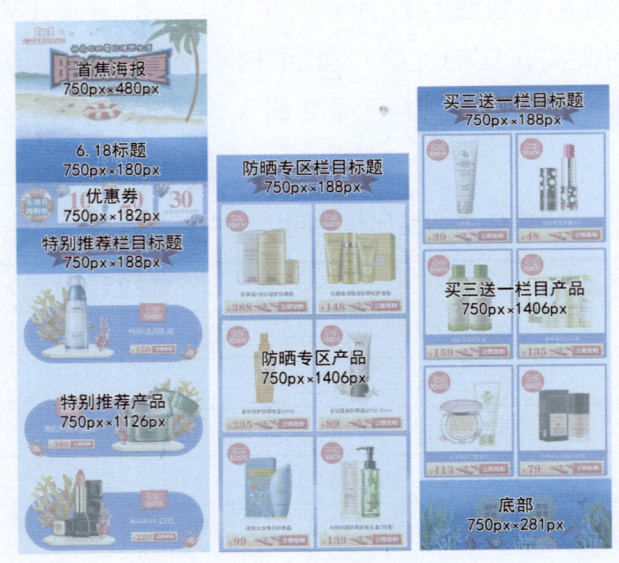

图9-73 无线首页布局

> **小技巧**
>
> 无线端想要高销量，不仅要做好无线端推广引流的工作，还要保证店铺能够留住买家，所以卖家在日常无线端的装修上面也要花点功夫。首页就是引流和达成转化成交的第一步。我们需要通过店铺真实成交量及生意参谋等辅助性软件对店内产品进行分析并决定首页的排布。页面风格的定位主要的目的是吸引买家目光、迎合大多买家的审美以及给自己的产品定位。

2. 网店首页配色

由于本网店经营的是化妆品，活动正值夏天，所以采用的是蓝白色系，给人一种凉爽的感觉。同时，背景采用水彩画的颜色效果，正好给人一种化妆的感觉，再加上深深浅浅的红、黄色相搭，表现的是一种丰富多彩的生活感。

3. 技术处理

本任务中使用较多的知识点包括以下几个：

（1）用水彩画笔绘制水彩效果背景，要结合画笔的不透明度、流量、颜色等属性设置，重复铺色，达到真实的水彩画效果。

（2）利用文字工具及路径文字，输入"——"，方便快速地制作虚线效果。

（3）制作产品的倒影，要注意产品底部的衔接与变形，才不会出现产品悬空的现象，使倒影更加真实。

（4）利用不同明度的色块，可以制作出立体效果，如产品的展台、"防晒专区"等标题效果等。

（5）注意选择相同风格的素材图片，营造整体夏日度假水彩风格。

第二步 操作实施

设计师与客户沟通设计思路后形成可行的实施方案，以下为操作步骤。

操作视频48：
化妆品类618
无线首页设计
店招

一、店招制作

（1）新建文件"化妆品618店招"，自定义尺寸为750px×254px；背景色为白色，其他取默认值。

（2）选择"画笔"工具，在工具选项栏中点按圆形画笔图标，打开"画笔预设"选取器，选择"旧版画笔"中的"湿介质画笔"，参数及类型选择见图9-74和图9-75。

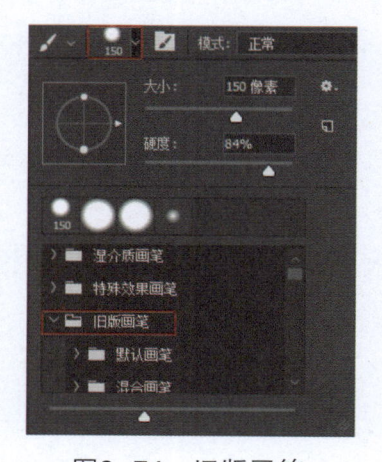

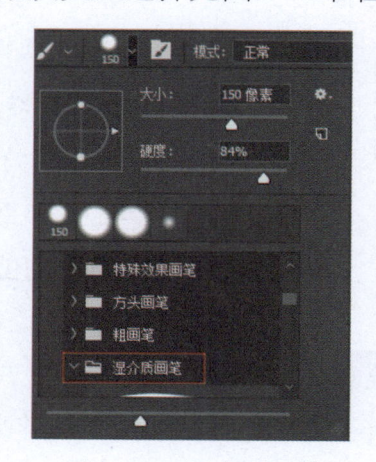

图9-74 旧版画笔　　　　　图9-75 湿介质画笔

（3）新建图层，选择"粗头水彩笔"，将间距设置为0，通过更改画笔的笔触大小、硬度、颜色、透明度、流量等，在新图层上反复涂抹，绘制背景底色。

（4）选择菜单"滤镜"→"杂色"→"添加杂色"，在弹出的对话框中设置数量为2%，高斯分布，单色，为背景添加杂点。参数设置及效果见图9-76和图9-77。

图9-76　杂色滤镜参数设置 　　　　图9-77　店招背景制作效果

（5）打开素材文件001、002、003，利用多种选区工具分别选取"珊瑚""贝壳""螃蟹"等图形，复制到当前文件中，并调整至合适的大小及位置，注意图层的排列顺序。

（6）打开素材文件004，利用多种选区工具选取"6.18理想生活狂欢节"，复制到当前文件中，并调整至合适的大小及位置，注意图层的排列顺序。

（7）为当前图层添加"颜色叠加"及"描边"样式，叠加颜色设置为红色：#fa607a，描边颜色为白色，大小为2px。效果见图9-78。

图9-78　店招整体效果

操作视频49：化妆品类618无线首页设计首焦海报

二、首页制作

1. 首焦海报制作

（1）新建文件"化妆品618首页"，自定义尺寸为750px×5625px；背景色为白色，其他取默认值。

（2）在380px的位置新建一条水平参考线，参数设置见图9-79。

经验分享

在380px的水平参考线以上制作首焦海报效果，利用参考线准确控制每一部分的尺寸及位置。整体效果完成后也要借助参考线进行切图。以下每一部分的制作都将新建参考线。

（3）置入素材文件005，调整至合适大小及位置，注意图层的排列顺序。

（4）打开素材文件004，利用多种选区工具选取"6.18理想生活狂欢节"，复制到当前文件中，调整至合适大小及位置，注意图层的排列顺序。

（5）为当前图层添加"颜色叠加"样式，叠加颜色设为红色：#fa607a，效果见图9-80。

图9-79　参考线参数设置　　　　　图9-80　素材文件004制作效果

（6）分四个图层分别输入文字"陪""你""度""夏"，设为华康简综艺体，红色：#fa607a，其中"陪""夏"大小为125px，"你""度"大小为93px。

（7）栅格化"陪""夏"两个图层，并分别进行透视变形，效果见图9-81。

（8）使用"钢笔"工具沿着"陪你度夏"文字边缘绘制一个黑色形状图层，以同样的方法在黑色形状图层下方绘制一个稍大一点的蓝色"2b89e1"形状图层，效果见图9-82。

图9-81　输入文字后效果（1）　　　　图9-82　输入文字后效果（2）

（9）输入文字"开启你的夏日理想生活"，设为华康娃娃体W5，31点，白色，并添加3px大小的黑色描边。

（10）绘制黑色圆角矩形，圆角半径为50px，输入文字"防晒大作战　折后再优惠"，设为华康俪金黑体W8（P），26点，白色。

（11）创建新组"首焦海报"，将以上各图层移动到"首焦海报"组内。完成首焦海报制作，效果见图9-83。

图9-83　输入文字后效果（3）

2. "6.18"标题制作

（1）在660px的位置新建一条水平参考线。

（2）在"首焦海报"组上方创建新组，命名为"背景"。在组内新建图层，命名为"背景1"。

（3）按照制作店招背景的方法，选择"粗头水彩笔"，将间距设置为0，通过更改画笔的笔触大小、硬度、颜色、透明度、流量等，在"背景1"图层上反复涂抹，绘制背景底色，效果见图9-84。

（4）打开素材文件004，利用多种选区工具选取"6.18理想生活狂欢节"，复制到当前文件中，调整至合适的大小及位置，注意图层的排列顺序。

（5）为当前图层添加"颜色叠加"样式，叠加颜色设为白色，效果见图9-85。

图9-84 标题背景制作效果　　　　图9-85 添加标题后效果

3. 优惠券制作

（1）在842px的位置新建一条水平参考线。

（2）打开素材文件002，利用多种选区工具分别选取"救生圈"图形，复制到当前文件中，调整至合适的大小及位置，注意图层的排列顺序。

（3）输入文字"先领券再购物"，设为华康俪金黑体W8，30点，白色，并添加3px大小的描边，蓝色：#0e74a4，效果见图9-86。

（4）新建图层，绘制矩形选区，填充白色。

（5）利用"橡皮"工具，选择"粗头水彩笔"，将间距设置为0，在白色矩形图层边缘进行擦除。

（6）打开素材文件001，利用多种选区工具分别选取"海螺""贝壳"图形，复制到当前文件中，并调整至合适大小及位置，注意图层的排列顺序。

（7）输入文字"10"，设为华康雅宋体W9，90点，红色：#fa607a；输入文字"全场满199元使用"，设为黑体，18点，灰色：#9f9f9f，效果见图9-87。

（8）通过复制完成其他优惠券的制作，并利用前面的制作方法，完成"贝壳""海螺"的添加，效果见图9-88。

图9-86 "先领券再购物"效果　　　图9-87 单张优惠券效果

图9-88 优惠券整体效果

4. "特别推荐"标题制作

（1）在1031px的位置新建一条水平参考线。

（2）绘制矩形形状，大小为400px×70px，玫红色填充：#fa607a，并通过添加锚点调整矩形形状，效果见图9-89。

（3）用"钢笔"工具绘制不规则形状，玫红色填充：#e23350，效果见图9-90。

操作视频52：化妆品类618无线首页设计 特别推荐标题

图9-89 变形后的矩形形状　　　图9-90 绘制不规则形状

（4）用"钢笔"工具绘制形状图层，深红色填充：#be0f2c。

（5）复制以上两个图层，并水平翻转，调整图层的排列顺序。

（6）复制以上多个形状图层并合并图层，修改为白色填充，调整图层的排列顺序。

（7）打开素材文件004，利用多种选区工具选取"6.18"，复制到当前文件中，并调整至合适的大小及位置，注意图层的排列顺序。

（8）为当前图层添加"颜色叠加"样式，叠加颜色设为白色。

图9-91 "特别推荐"最终效果

（9）用"钢笔"工具绘制弧线，沿着弧线输入文字"特别推荐"，设为华康海报体W12（P），45点，白色，效果见图9-91。

5. 特别推荐产品制作

（1）在2157px的位置新建一条水平参考线。

（2）绘制圆角矩形形状，大小为690px×225px，圆角半径为100px，蓝色填充：#3b8fdb。

（3）绘制另一个圆角矩形形状，比蓝色圆角矩形稍小，圆角半径为

操作视频53：化妆品类618无线首页设计 特别推荐产品（1）

100px，无填充，白色虚线描边，描边宽度为1点。

（4）利用"钢笔"工具绘制四个四边形形状，并按照效果图填充颜色，制作商品展示台。

操作视频54：化妆品类618无线首页设计 特别推荐产品（2）

（5）打开素材文件002、003，利用多种选区工具分别选取"珊瑚""螃蟹"图形，复制到当前文件中，调整至合适的大小及位置，注意图层的排列顺序，效果见图9-92。

图9-92 添加素材后效果

（6）将素材文件006拖动到当前文件中，用"钢笔"工具对化妆品进行抠图，并利用图层蒙版隐藏图片白色背景。

（7）复制当前图层，右键单击该图层，选择"栅格化图层"，选中该图层蒙版，右键单击图层蒙版，选择"应用图层蒙版"，并垂直翻转该图层，移动到相应的位置。

（8）选中该图层，按组合键<Ctrl+T>后，单击鼠标右键，在快捷菜单中选择"变形"，对图形进行变形，使其更符合投影规律。设置效果见图9-93、图9-94。

图9-93 素材变形设置

图9-94 素材变形效果

（9）为该图层添加图层蒙版，从上到下填充白色到黑色的线性渐变，并将图层透明度更改为20%。

（10）绘制圆角矩形形状，大小为98px×74px，圆角半径为5px，填充红色：#fa607a，在属性面板中将左上角和右上角的圆角半径修改为"0"。

（11）为当前图层添加"投影"样式，并适当地调整投影参数，效果见图9-95。

（12）打开素材文件004，利用多种选区工具分别选取"6.18""狂欢节"图形，复制到当前文件中，并调整至合适的大小及位置，注意图层的排列顺序。

（13）为"6.18"和"狂欢节"两个图层添加"颜色叠加"样式，叠加颜色为白色，效果见图9-96。

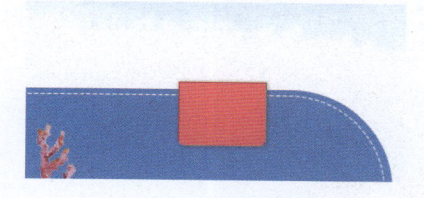

图9-95　添加投影样式后效果

图9-96　设置颜色叠加后效果

（14）绘制圆角矩形形状，大小为180px×37px，圆角半径为3px，并对图层添加"渐变叠加"样式，叠加颜色为#faf4d9到#fac393的线性渐变，角度为90°，效果见图9-97。

（15）绘制圆角矩形形状，大小为88px×29px，圆角半径为3px，并对图层添加"渐变叠加"样式，叠加颜色为#f8555d到#c8334f的线性渐变，角度为90°，效果见图9-98。

图9-97　渐变叠加效果（1）

图9-98　渐变叠加效果（2）

（16）输入文字"纯粹滋润乳液""¥150""立即抢购"，并按照效果图设置字体、字号、颜色等，效果见图9-99。

（17）通过复制图层，并修改相应的产品、文字、价格等操作，完成效果见图9-100。

图9-99　输入文字后效果

图9-100　特别推荐产品制作效果

6．防晒专区栏目标题制作

（1）在2344px的位置新建一条水平参考线。

（2）新建图层，按照制作店招背景的方法，选择"粗头水彩笔"，将间距设置为0，通过更改画笔的笔触大小、硬度、颜色、透明度、流量等，在图层上反复涂抹，绘制背景底色，大约绘制1800px的高度。

操作视频55：
化妆品类618
无线首页设计
防晒专区

（3）复制"特别推荐"标题制作"防晒专区"中的多个图层，进行相应的文字修改，完成防晒专区标题制作，效果见图9-101。

图9-101 "防晒专区"标题制作

7. 首页防晒专区产品制作

（1）在3750px的位置新建一条水平参考线。

（2）绘制圆角矩形形状，大小为351px×446px，圆角半径为5px，白色填充。

（3）绘制矩形形状，大小为337px×337px，白色填充。

（4）置入素材文件009，调整至合适的大小及位置，创建剪贴组。

（5）绘制椭圆形状，大小为88px×88px，玫红色填充：#fa607a。复制"特别推荐产品"制作中的"6.18"和"狂欢节"两个图层到当前位置，并调整至合适的大小及位置，效果见图9-102。

（6）用"特别推荐产品"中的操作方法，完成价格标签的制作。

（7）输入产品名称"防晒露+润白修护防晒乳"，设为宋体，20点，黑色。

（8）打开素材文件002，利用多种选区工具分别选取"海螺"图形，复制两个到当前文件中，并调整至合适的大小及位置。注意图层的排列顺序，效果见图9-103。

图9-102 防晒专区产品制作效果（1）

图9-103 防晒专区产品制作效果（2）

（9）以同样的操作完成其他产品的制作，效果见图9-104。

图9-104　防晒专区产品制作效果（3）

8．"买三送一"栏目标题制作

（1）在3938px的位置新建一条水平参考线。

（2）通过复制图层、修改文字等操作，完成"买三送一"栏目标题的制作，效果见图9-105。

图9-105　"买三送一"栏目标题制作

操作视频56：
化妆品类618
无线首页设计
买三送一+底部

9．"买三送一"产品制作

（1）在5344px的位置新建一条水平参考线。

（2）制作方法同"首页防晒专区产品制作"，可通过复制图层、修改产品及文字等操作，完成"买三送一"产品的制作，效果见图9-106。

图9-106 "买三送一"产品制作效果

10．底部制作

（1）参考店招制作方法，制作底部背景。

（2）绘制两个多边形形状，其参数设置见图9-107、图9-108。

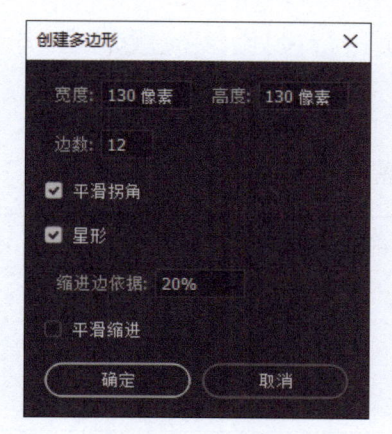

图9-107　多边形1参数设置 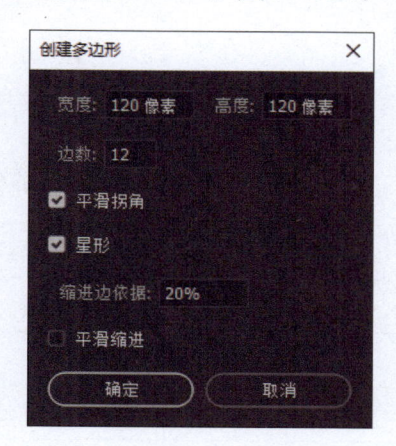　　图9-108　多边形2参数设置

（3）为较大的多边形形状添加"渐变叠加"样式，叠加颜色为#faf1d5到#eeab70的线性渐变，角度为90°。小的多边形形状无填充，红色描边：#fa607a，大小为1px，虚线。

（4）绘制圆形形状，无填充色，红色描边：#fa607a，大小为1px，虚线。

（5）输入文字"返回首页"，设为方正粗宋简体，红色：#e23350，21点，效果见图9-109。

图9-109　底部按钮效果

（6）复制"返回首页"图标，移动到相应的位置，更改文字为"查看更多"。底部的制作效果见图9-110。

图9-110　底部制作效果

11. 保存文件

（1）按组合键<Ctrl+S>保存文档为PSD格式。

（2）按组合键<Ctrl+Shift+S>保存文档为JPEG格式。

举一反三

某美妆类产品网站,需要在双十一活动期间对首页进行设计,营造购物狂欢节节日气氛。设计师与客户沟通后得到需求信息,见表9-6。

表9-6 某美妆类产品网店客户需求信息

项目	客户反馈
店铺定位	美妆类产品手机端店铺
店铺特色	品类齐全,100%正品
主营产品	洁肤、护肤、彩妆、防晒等,主打彩妆产品
消费人群	所有年龄段的爱美女性
营造氛围	我有我个性、我有我色彩
店铺活动	优惠券、满就送、超值组合
店招尺寸	宽为750px,高为254px
首页整体尺寸	宽为750px,高自定义

请根据以上客户需求信息,为该网站进行首页模块布局设计(绘制页面布局图,参考图9-73)。

任务评价

评价项目	评价内容	评价方式		
		自我评价(30分)	小组评价(30分)	教师评价(40分)
职业素养 (分值占比50%)	能自觉遵守规章制度,出色完成工作任务			
	有团队合作意识,协作沟通能力强			
专业能力 (分值占比50%)	页面元素完整			
	页面布局合理、美观			
	页面配色准确			
	制作效果好			
评分合计				
综合评价:				

项目总结

进入店铺第一眼看到的就是网店的首页,网店首页从装修风格、布局排版、配色等方面突出了店铺所属的类目、产品定位、促销活动等信息,给顾客一个对店铺的整体印象,也将直接影响店铺的流量及转化率。在设计店铺首页的过程中,应该注意以下问题:

(1)店铺的尺寸应根据平台的要求进行设计。其中,独立网站(如任务一)可以根据店铺的实际需求设计;天猫店铺(如任务二)全屏宽度1920px,店招及导航宽度990px,有效尺寸1200px以内。

(2)首页设计要根据产品定位进行设计与配色,并根据近期店铺活动及平台活动设计首页主题风格。

(3)整个首页应该风格统一,配色合理,切忌混搭,以免给顾客留下店铺及产品定位不明确、页面设计混乱的印象。

课 后 练 习

【项目一练习】

一、选择题

1. 网店美工是（　　）的统称。
   A. 视觉营销　　　B. 淘宝美工　　　C. 网店页面美化工作者
2. Photoshop生成的文件默认的文件格式扩展名为（　　）。
   A. JPG　　　　B. PDF　　　　C. PSD　　　　D. TIF
3. Fireworks生成的文件默认的文件格式扩展名为（　　）。
   A. PNG　　　　B. PSD　　　　C. GIF　　　　D. WORD

二、问答题

1. 什么是视觉营销？
2. 网店美工大致有哪些工作流程？

【项目二练习】

一、理论题

1. 拍摄商品细节时，通常使用摄像机的_____功能来进行拍摄。
2. 色彩都具有三种基本属性，它们分别是_____、_____、_____。
3. 网店常见的布局样式分为_____和_____两种。

二、问答题

1. 网店图片来源的方式有哪几种？
2. 网店的配色原则有哪些？

三、实践题

将图1中的商品和赠品合成一张主图，并添加上文案，最终效果不限，由授课教师评分（主图尺寸为800px×800px，文案要求突出卖点、重点明确，整体图片美观）。

商品　　　　　　　　　　　　赠品

图1　商品与赠品图

【项目三练习】

一、填空题

1. 宝贝主辅图的大小不能超过_____，其中主图的尺寸一般设为_____，辅图的尺寸一般设为_____。
2. 路径转选区的组合键是_____。
3. 在"钢笔"工具下，对于已经绘制的路径，按_____键可以移动锚点，按_____键可以转换锚点。
4. 对于类似木质的纹理效果，我们可以通过_____等滤镜完成操作。

二、问答题

1. 简述路径文字的制作过程。
2. 简述加深、减淡工具的作用。
3. 如果想在手机淘宝的首页搜索到你的宝贝，应该如何操作？

三、实践题

某网店需要上新一款手摇榨汁机。设计师与客户沟通后得到需求信息，具体见表1。

表1　某网店客户需求信息

项目	客户反馈
主图内容	展示产品外观、水果或果汁图片、店铺Logo
营造气氛	体现正品，营养方便
产品卖点	不通电、无刀头、无噪声
主图尺寸	800px×800px

请根据以上客户需求信息，为该手摇榨汁机制作主辅图（店家提供的商品图见资源包）。

【项目四练习】

一、选择题

1. 路径不是由（　　）组成的。
   A. 锚点　　　　B. 曲线　　　　C. 直线　　　　D. 像素
2. 文字图层中的（　　）不可以进行修改和编辑。
   A. 文字内容，如加字或减字　　　　B. 文字颜色
   C. 文字轮廓　　　　D. 文字大小
3. Photoshop中要改变锚点的类型，需执行的操作是（　　）。
   A. 使用"直接选择工具"单击
   B. 使用"转换点工具"单击

C. 使用"矩形工具"单击

D. 使用"选择工具"单击

二、实践题

根据本项目所学知识，制作如下效果的Logo店标。

图2　SDK网店Logo　　　　　　　图3　休闲食品网店Logo

【项目五练习】

一、选择题（可多选）

1. 复制图层的操作为（　　　）。

   A. 选择Edit（编辑）→Copy（复制）

   B. 选择Image（图像）→Duplicate（复制）

   C. 在图层调板的弹出式中选择Duplicate Layer（复制层）

   D. 将图层拖放到图层调板下方创建新图层的图标上

2. 淘宝店铺卖家会自行设计特色装修，PS能够方便制作装修模板，制作模板时会使用到网格、参考线等辅助工具，其中参考线的设置方式为（　　　）。

   A. 打开视图，选择标尺

   B. 打开视图，选择网格

   C. 从标尺上按住鼠标右键，拖曳出参考线

   D. 从标尺上按住鼠标左键，拖曳出参考线

3. 变换选区命令可以对选择范围进行（　　　）编辑。

   A. 缩放　　　　B. 变形　　　　C. 不规则变形　　　　D. 旋转

4. 图层是构成图像的重要组成部分，可以把图层看成是可以在上面绘制图像的多层玻璃板，只要上方的玻璃板是透明的，就可以通过透明的部分看到下面的图像，这样一层层的图像叠加起来就是一个最后的效果，而每一个图层之间（　　　）。

   A. 相互独立　　　B. 互不干扰　　　C. 单独管理　　　D. 单独操作

5. 下列因素的变化会影响图像所占硬盘空间的大小的有（　　　）。

   A. 像素大小（Pixel Diminsions）　　　B. 文件尺寸（Document Size）

   C. 分辨率（Resolution）　　　D. 存储图像时是否增加后缀

二、实践题

"快乐宝贝"是一家母婴产品的企业,主营婴幼儿护理用品(如奶瓶刷、儿童防撞条、婴儿指甲剪等)和孕产用品(如月子鞋、产后收腹带、孕妇睡衣等)。现在想通过网上开店的形式将这些产品推广出去,请思考这个网店店招应该用什么色彩来搭建,主色调是什么,辅助色彩是什么,为什么采用这种色调,并为其设计店招及导航栏。

【项目六练习】

一、选择题(可多选)

1. 形状的自定图形有( )等图形。
   A. 自然 B. 符号 C. 装饰 D. 拼贴
2. 抠像时可使用的选取工具有( )。
   A. 矩形系列选取工具 B. 套索系列选取工具
   C. 魔棒系列工具 D. 钢笔系列工具
3. 形状填充的渐变选项可以调节( )参数。
   A. 不透明度渐变 B. 颜色渐变
   C. 旋转渐变 D. 投影

二、实践题

"光合优品"果蔬网店即将开业,该店主要经营有机果蔬。充分的光照和雨水使果蔬的营养成分更饱满、更全面,食用更健康、更放心。设计师与客户沟通后得到以下需求信息,见表2。

表2 "光合优品"果蔬网店客户需求信息

项目	客户反馈
消费人群	普通家庭与个人
果蔬特点	有机、绿色
关键信息	24h不打烊、凭券优惠
广告版面	充分突出光合作用的特点,色彩搭配清爽、明亮
Banner广告尺寸	宽为1920px,高为600px
广告文案	抓住产品特点,突出卖点,简短而顺口

请根据以上客户需求信息,为该网店制作Banner广告(店家提供的商品图见资源包)。

【项目七练习】

一、选择题

1. 下列属于图层样式中列出效果的有( )。
   A. 投影 B. 渲染 C. 光照效果 D. 镜头光晕

2. 如果使用"矩形"工具画一个以光标所在点为中心的正方形选区应该按的组合键为（　　）。

  A. <Shift+Alt> B. <Ctrl+Alt> C. <Ctrl+Shift> D. <Tab+Ctrl>

3. 将图像载入选区可以单击（　　）。

  A. <Tab>键 B. <Shift>键 C. <Ctrl>键 D. <Alt>键

二、实践题

"方格子女装"网店到了新款衬衫，新款衬衫要上架，现征集新款衬衫的宝贝详情页。设计师与客户沟通后得到需求信息，见表3。

表3 "方格子女装"网店客户需求信息

项目	客户反馈
消费人群	16～25岁女性
服装风格	时尚、清新、可爱
关键信息	格子衬衫、新品
详情页版面	海报情景图、宝贝信息、尺码信息、细节展示、品牌售后等
详情页尺寸	宽750px，高度不限（根据实际情况确定）
宝贝文案	简短、与图相符

请根据以上客户需求信息，为该网店制作宝贝详情页（店家提供的商品图见资源包）。

【项目八练习】

一、选择题（第1、2题为单选，第3题为多选）

1. 使用"画笔工具"时，若想切换成"吸管工具"，应该使用的快捷键为（　　）。

  A. <Shift> B. <Ctrl> C. <Alt> D. <Ctrl+Alt>

2. 在设定层效果（图层样式）时（　　）。

  A. 光线照射的角度是固定的

  B. 光线照射的角度可以任意设定

  C. 光线照射的角度只能是60°、120°、250°或300°

  D. 光线照射的角度只能是0°、90°、180°或270°

3. 下面对文字图层描述正确的是（　　）。

  A. 文字图层可直接执行所有的滤镜，并且在执行完各种滤镜效果之后，文字仍然可以继续被编辑

  B. 文字图层可直接执行所有的图层样式，并且在执行完各种图层样式之后，文字仍然可以继续被编辑

  C. 文字图层可以被转换成矢量路径

  D. 每个图像中只能建立8个文字图层

二、实践题

某水果网店推出车厘子新鲜上市活动，现需制作首焦海报以扩大宣传和推广。设计师与客户沟通后得到以下需求信息，见表4。

表4 某水果网店客户需求信息

项目	客户反馈
消费人群	普通家庭与个人
食品特点	新鲜应季、纯天然
关键信息	新鲜上市
版面效果	突出食物的新鲜、健康，配色简洁明亮
文案	突出卖点
尺寸与质量	宽1920px，高960px

请根据以上客户需求信息，为该网店制作首焦海报（商家提供的商品图见资源包）。

【项目九练习】

一、问答题

1. 形状工具选项栏中相关选项的作用有哪些？
2. 柔角画笔的特点及笔触调整方式是什么？
3. 图层蒙版的作用有哪些？
4. 如何选择、设置画笔参数，可以绘制出水彩画的效果？
5. 不同的图层组，如何完成分布与对齐操作？

二、实践题

"潮流服饰"网店需要对网站进行改版，该店主要经营潮流女装、男装、内衣、配饰等。设计师与客户沟通后得到需求信息，见表5。

表5 "潮流服饰"网店客户需求信息

项目	客户反馈
网站名称	潮流服饰
主营产品	女装、男装、内衣、配饰
整体风格	潮流时尚
广告产品	纯羊毛披肩
商品分类栏	女装、男装、内衣、配饰
网站要求	便于浏览、方便客户快速找到需要的产品、突出网站活动和优惠
消费者保障	环球时尚、七天无理由退换货、货到付款、免邮

请根据以上客户需求信息，制作网站首页（店家提供的商品图见资源包，可参考资源包中效果进行制作，也可自主创意）。

参 考 文 献

[1] 李芳，覃海宁. 电商美工设计手册[M]. 2版. 北京：清华大学出版社，2023.

[2] 谢春雷，李留青. 淘宝网开店、装修、管理、推广、客服全能一本通：微课版[M]. 2版. 北京：人民邮电出版社，2020.

[3] 崔洪斌. Photoshop数码照片处理入门与进阶[M]. 2版. 北京：清华大学出版社，2018.